DISCOURS

POLITIQUES,

TRADUITS DE L'ANGLOIS

DE DAVID HUME.

TOME PREMIER.

DISCOURS
POLITIQUES
DE MONSIEUR HUME
TRADUITS DE L'ANGLOIS.

Magna pars, ſtudiorum amœnitates quærimus: quæ verò tractata ab aliis dicuntur immenſæ ſubtilitatis, obſcuris rerum tenebris premuntur.

Plin. in Præf. ad Veſpaſ.

TOME PREMIER.

A AMSTERDAM,

Et ſe vend à Paris,

Chez MICHEL LAMBERT, Libraire, rue & à côté de la Comédie Françoiſe, au Parnaſſe.

M. DCC. LIV.

PRÉFACE DU TRADUCTEUR,

A MONSIEUR

LE DOCTEUR LAMI,

PROFESSEUR A FLORENCE.

Près m'avoir prévenu, MONSIEUR, par des témoignages publics d'une estime que je voudrois mériter, trouvez bon que je vous consacre ce monument de la mienne, & recevez-le, du moins, comme un tribut de ma reconnoissance. On peut sans être soupçonné de vûes intéressées, rendre hommage à un nom aussi célébre que le vôtre dans les Lettres. Celui-ci vous étoit dû d'autant plus légitimement, que les fréquentes conversations que nous avons eûes ensemble sur une Nation à laquelle toute l'Europe rend aujourd'hui justice, sont un des motifs qui m'ont déterminé à traduire les DISCOURS POLITIQUES de M. HUME. Ils vous prouveront, ce me semble, que si les Anglois, comme j'ai osé l'avancer, n'ont pas égalé les Italiens & les François dans les Arts de Goût, aucun Peuple ne les a surpassés dans des Arts qui étant beaucoup plus utiles, ne peuvent pas être moins nobles; je veux parler de ceux qui ont rapport à l'Agriculture & au Commerce, les deux véritables sources de toutes nos richesses. Quant à la prééminence que les Anglois s'arrogent encore dans celui des Arts que l'on doit regarder comme le premier de tous, dans le grand Art du Gouvernement, leurs prétentions ne paroissent pas aussi bien fondées. A cet égard, l'expérience ne s'accorde pas avec le raisonnement ; il y a même apparence que la question ne sera pas de longtems décidée.

Cependant sans prendre à la Lettre les éloges qu'ils font de leur Gouvernement, on ne peut s'empêcher d'en reconnoître les avantages en beaucoup de choses, spécialement à l'égard du Commerce. Ce n'est pas uniquement par la nature du Pays qu'ils habitent, qui étant une Isle, est si favorable à la Navigation, c'est sur-tout par leur Constitution politique qu'ils sont parvenus dans ce dernier Siécle à se rendre les Maîtres de la Mer. On ne peut trop les louer de leur attention continuelle à conserver & même perfectionner, s'il est possible, une forme de Gouvernement, à laquelle ils doivent leur Liberté & leurs richesses. Tel est l'objet de ces Discours, & de ce grand nombre d'Écrits du même genre, qui commencent à devenir une Ecole de Politique pour les autres Pays de l'Europe, qui ont secoué le joug de l'ignorance & de la superstition. Il n'est pas douteux que cette Etude ne soit une de celles qui contribuent le plus à l'utilité publique, & à la satisfaction des Particuliers qui s'y appliquent. Mais, comme M. Hume le remarque lui-même ailleurs, les Principes n'en sont pas toûjours sûrs; le Monde est trop jeune encore, pour que l'on puisse établir en Politique aucune de ces vérités générales, qui demeurent vraies jusqu'à la derniere postérité. Notre expérience ne remonte pas au-dessus de trois mille ans ; de sorte que non-seulement l'art de raisonner est encore défectueux dans cette Science, comme dans toutes les autres, mais nous n'avons pas même des matériaux suffisans pour fonder nos raisonnemens. Sçait-on de quel degré de vertu, comme de vice, la Nature humaine est susceptible, ou ce que peut opérer sur les Hommes une grande révolution dans l'éducation, les coûtumes ou les principes ?

Si tant de causes, qui pendant une succession de Siécles varient & se combinent à l'infini, laissent quelque incertitude dans cette Science, comme elle a un objet certain, qui est le bonheur de la Société, nous n'en devons avoir que plus d'ardeur à pénétrer, parmi ces obscurités, ce qu'il eſt donné à l'Eſprit humain de connoître. De ſemblables Diſcuſſions Politiques ſeront toûjours avantageuſes par-tout où la force ſeule ne donnera pas la Loi.

J'avoue que des inventions utiles dans les Sciences & dans les Arts, paroiſſent avoir quelque choſe de plus éclatant, je ne dis pas que ces Recherches, mais même qu'un ſyſtème de Loix, dont le but eſt d'aſſûrer la Tranquillité, le Bonheur & la Liberté d'une Nation: je ne ſais cependant ſi les avantages qui réſultent des Obſervations ſur leſquelles de pareilles Loix ſont fondées, ne ſont pas en effet plus grands & plus ſenſibles. Quoique les autres Sciences ſpéculatives éclairent l'eſprit, elles ne peuvent être de quelque utilité que pour le petit nombre de ceux qui les cultivent. A l'égard des Arts pratiques, qui varient & multiplient les commodités & les jouiſſances de la vie ; il eſt certain que le bonheur de l'homme conſiſte moins dans l'abondance de ces objets, que dans la tranquillité & la ſûreté avec leſquelles il les poſſéde ; & il ne peut tenir ces avantages que d'un bon Gouvernement.

Ainſi un Ouvrage tel que l'*Eſprit des Loix*, qui peut contribuer à perfectionner la Police générale d'un Etat, & par conſéquent à la félicité publique (*a*), eſt certainement l'uſage le plus élevé & le plus grand de la raiſon & des lumieres

(*a*) Les Anglois regardent eux-mêmes cet Ouvrage, comme le meilleur ſyſtème de connoiſſance Politique qui ait encore paru dans le Monde.

acquises (*a*). Si un Poëte a pû dire :

> Que qui forme les Rois est presque leur
> égal.

A plus forte raison est-il vrai que ces Génies supérieurs qui éclairent les Législateurs, méritent comme eux le titre de Bienfaiteurs du Genre humain, & en effet les uns & les autres sont également honorés par la postérité (*b*).

Ce grand objet d'être utile aux

(*a*) *Dignissima certè Scientiarum, hæc ipsa est, quæ ad Principes pertinet, hominesque in regendo genere humano occupatos.* Hobbes *de Cive.*

(*b*) *Gratum est quod Patriæ Civem Populoque dedisti,*
Si facis ut Patriæ sit idoneus, utilis agris,
Utilis & Bellorum & Pacis rebus agendis.
Juvenal, Satyre XIV.

hommes mêmes qui sont encore à naître, est celui que s'est proposé l'Auteur de ces *Discours Politiques* ; & ce qui les rend plus estimables, il ne les a pas écrits pour sa Nation seule. Le Commerce est une des parties les plus essentielles de son Ouvrage ; les Anglois en ont beaucoup sur cette matiere, mais où manquent cet ordre & cette clarté, sans lesquelles on ne lit rien avec fruit : d'autres ne sont, pour ainsi dire, que des espéces de Manuels de Négocians, totalement inutiles pour un Homme qui n'est pas instruit. M. HUME a puisé dans toutes ces sources une partie des connoissances, d'après lesquelles il établit ses Principes, non en Anglois prévenu, mais en Philosophe politique. Nul autre n'a mieux prouvé que lui, que les préjugés ont plus d'une fois aveuglé la Nation qui se pique d'être la plus éclairée, & qu'en écoutant trop sa haine pour ses voisins, elle s'est souvent fait plus de tort qu'à eux-mêmes (*a*).

Après avoir rendu justice à cet Ecrivain si judicieux, je tiens trop

---

(*a*) L'Auteur des nouvelles Annales de l'Empire remarque qu'à la mort de l'Empereur Joseph, Charles VI. son Frere, se trouva Maître de presque toute la Hongrie soûmise, des Etats héréditaires d'Allemagne florissans, du Milanois, du Mantouan, de Naples & Sicile, de neuf Provinces des Pays-Bas, & que si l'on avoit écouté en 1709. les Propositions de la France alors accablée, ce même Charles VI. auroit encore eu l'Espagne & le Nouveau Monde. Certainement c'étoit alors qu'il n'y auroit point eu de balance en Europe : cependant les Anglois qui avoient combattu uniquement pour cette balance, murmurerent contre la Reine Anne qui la rétablit, tant la haine contre Louis XIV. prévaloit contre les Intérêts réels.

à l'honneur de ma Patrie & à la vérité, pour paſſer ſous ſilence les obligations qu'a M. HUME à un Ouvrage François, qui n'a pas d'abord été aſſez gouté parmi nous, mais dont les Anglois, plus appliqués au Commerce, ont les premiers connu tout le prix. Je veux parler de l'*Eſſai* de M. MELON *ſur le Commerce*. Comme je dois plus qu'un autre honorer la mémoire de ce Citoyen Philoſophe, que j'ai eu le bonheur d'avoir pour Ami, j'ai trouvé un nouveau plaiſir à traduire en notre Langue un Ouvrage qui juſtifie une partie de ſes principes ſur le Commerce, & auquel ſelon toutes les apparences ſon Eſſai a donné lieu.

Quoique M. HUME ait mieux exécuté le Plan qui lui avoit été tracé par l'Ecrivain François, j'ai cru devoir revendiquer la partie de gloire, qui en appartient au premier Auteur. Je ne nierai pourtant pas que M. MELON lui-même ne dût beaucoup de choſes aux Anglois ; mais s'il a emprunté d'eux des idées lumineuſes, qui faiſoient tout le mérite de quelques Livres où elles étoient éparſes, il a celui de les avoir le premier raſſemblées dans un Corps d'Ouvrage Politique, où les principes liés les uns aux autres, ſe prêtent mutuellement une nouvelle force. Il en eſt pluſieurs ſur leſquels il s'eſt peu étendu, parce qu'il a cru qu'il ſuffiſoit à ſon deſſein de les faire appercevoir, il n'en a même donné beaucoup d'autres que comme des germes aiſés à développer. Il déclare expreſſément qu'un des objets qu'il s'étoit propoſé dans ſon Eſſai, étoit d'engager de bons eſprits à travailler ſur une matiere ſi digne de les exercer. Il y a pleinement

ment réussi. Son Livre, quelque bon qu'il soit, a donné lieu à un autre encore meilleur, c'est celui de M. HUME.

A la vérité, cet Auteur avoit déja prouvé par différens Ouvrages (*a*) qu'il n'avoit pas besoin d'être excité; ses premiers Essais sont d'un Maître qui pouvoit se passer de guide: cependant comme M. MELON l'avoit précédé dans cette nouvelle carriere, il a trouvé plus sage de le consulter, mais au lieu de le suivre pas à pas, il le quitte & le redresse même toutes les fois qu'il s'égare. Il examine ces principes, il développe ces germes que l'Auteur Fran-

---

(*a*) *Essays Moral and Philosophical. Philosophical Essays concerning Human Understanding.*
By DAVID HUME, Esq.

çois n'avoit fait qu'entasser. Il n'est pas moins attentif à relever un Paradoxe, qu'à mettre la vérité dans tout son jour; il distingue les maximes solides des raisonnemens captieux. Il démêle dans un systême de Finances qui paroît multiplier les richesses d'un Etat, le vice secret qui en épuise la source. C'est ainsi que la main d'un Jardinier habile fait retrancher une branche de belle apparence, mais qui nuiroit essentiellement à l'arbre, pour ne laisser subsister que celle où il remarque ces germes féconds qui doivent donner le fruit.

L'Essai de M. Melon ressemble à l'Ouvrage si fameux de Bacon, intitulé *Cogitata & visa* (*a*), la

(*a*) *De interpretatione Naturæ, sive de inventione Rerum & Operum.*

ſource de tant de Livres Philoſophiques, donnés pour Originaux, & qui n'en ſont que de purs Commentaires. Pluſieurs François qui depuis ont écrit ſur le Commerce, ſe ſont fait honneur des principes de cet Eſſai (*a*) qu'ils ont plus ou moins heureuſement appliqués aux matieres qu'ils ont traitées. Je ne dirai pas la même choſe des *Diſcours* de M. HUME, ils ſont d'un ordre ſupérieur : avec ce qu'il a emprunté d'ailleurs, il y a dans ſon Ouvrage tant de choſes qui ne ſont qu'à lui, que ſon Livre a tout le mérite d'un excellent Original.

(*a*) *Scito enim conferentem Autores, me deprehendiſſe à juratiſſimis & proximis veteres tranſcriptos ad verbum, neque nominatos.* Pline, *Lib.* I.

Il a de commun avec M. MELON d'avoir toûjours eu pour objet le bien public en général & celui de sa Nation en particulier : j'ai tâché par des Notes de concourir aux mêmes vûes. Je n'ai rien oublié de tout ce que j'ai cru pouvoir contribuer à rendre cette Traduction plus utile. J'ai eu l'attention de faire remarquer au Lecteur les Articles sur lesquels ils sont entiérement d'accord, tels que celui du Luxe en particulier (*a*), & ceux où ils sont d'un avis diamétralement opposé, tels que les Dettes d'un Etat, l'uti-

(*a*) Les Auteurs du Journal Etranger, pour faire connoître le Livre de M. HUME, n'auroient pas dû choisir son Discours sur le Luxe, puisque c'est celui qui est le moins original : en tout cas il étoit de leur devoir d'en avertir le Lecteur.

lité des Papiers de Crédit, Banques, Annuités & autres Fonds publics, le Chapitre de l'Esclavage, &c.

C'est en effet, comme le dit M. Melon lui-même, de différens Ecrits, souvent contradictoires, que la vérité viendra éclairer le Législateur, qui, placé comme au centre où toutes les lignes aboutissent, n'aura plus besoin que de l'esprit de discernement pour choisir & exécuter. Tels étoient les sentimens de ce Philosophe : je l'ai assez connu pour assûrer qu'il tenoit plus à la vérité qu'à ses opinions, & à l'utilité publique qu'aux systêmes qu'il croyoit pouvoir lui faire le plus d'honneur.

J'ai été témoin qu'il a pressé plus d'une fois M. Du Tot, qui pensoit autrement & plus juste que lui ſur l'Article des Monnoies, de rendre public l'Ouvrage que celui-ci n'a fait imprimer qu'après la mort du premier (*a*), Ouvrage qui n'eſt pas auſſi bien fait qu'il pourroit l'être, mais qui s'il péche par la forme, eſt précieux par le fonds. La ſolidité des raiſonnemens, & l'évidence des calculs de M. Du Tot, prouvent invinciblement que M. Melon emporté par l'eſprit de ſyſtème, n'avoit pas aſſez médité un des points capitaux de ſon Eſſai.

(*a*) *Réflexions Politiques ſur les Finances & ſur le Commerce*, où l'on examine quels ont été ſur les Revenus, le Change étranger, & conſéquemment ſur notre Commerce, les influences des Augmentations & des Diminutions des Valeurs numéraires des Monnoies.

Deux Volumes, M. DCC. XXXVIII.

L'Auteur Anglois en a relevé d'autres erreurs qui ne ſont pas moins eſſentielles, & qui cependant ſont pardonnables, ſur-tout à celui qui a le premier traité des matieres ſi compliquées, & où il eſt ſouvent ſi difficile de rapporter les effets à leurs véritables cauſes. En traduiſant M. HUME, je ne le donnerai pas non plus pour infaillible : Quel eſt l'Homme qui ne ſe trompe jamais ! BACON, dont j'ai parlé plus haut, ce Philoſophe ſublime, qui le premier a rallumé le flambeau des Sciences, s'eſt trompé lui-même plus d'une fois, ainſi que Mylord BOLINGBROKE l'a ſi bien démontré (*a*).

Comme nous avons été chez

(*a*) Lettre à M. Pope, Londres 1753.

vous, MONSIEUR, puiſer le goût des Beaux Arts, & que ceux qui s'y ſont diſtingués parmi nous, ont commencé par étudier Raphaël & Michel-Ange, ce n'eſt que des Anglois que nous pouvons apprendre déſormais à perfectionner les connoiſſances du Commerce; quand ils n'auroient ſur nous que l'avantage de nous avoir précédé dans cette Science, c'en ſeroit aſſez pour nous déterminer à les choiſir pour Maîtres. C'eſt ce qui m'a fait ajoûter à la fin de cette Traduction, une légére Notice de ceux de leurs Ouvrages les plus eſtimés qui traitent du Commerce en général, & de celui de l'Angleterre en particulier. Je n'aurois fait qu'ennuyer le Lecteur ſi j'euſſe voulu parler de tous: le nombre de Livres & de Brochures en Anglois, qui y ont rapport,

rapport, eſt preſque infini. A la ſuite de ce Tableau qui vous donnera du moins une idée de l'application conſtante de nos Voiſins, à tout ce qui peut augmenter leur Commerce, vous trouverez une autre Eſquiſſe qui ne piquera peut-être pas moins votre curioſité, & qui, je crois, nous fait honneur. C'eſt une Liſte où je me borne à parler des Livres qui ont paru en France depuis deux ans ſur les mêmes matieres. Vous ſerez peut-être étonné qu'en ce peu de tems ils ſe ſoient ſi fort multipliés. C'eſt l'effet naturel des lumiéres Philoſophiques qui ſe répandent de plus en plus dans la Nation. C'eſt à la gloire de notre Siécle, qu'aujourd'hui les bons Eſprits commencent à ne s'occuper que des matieres dignes d'eux. Vos propres Concitoyens, Monsieur, ne viennent-ils pas de nous donner un exemple qui justifie cette haute réputation de sagesse qu'ils ont eue de tout tems, en établissant à Florence une *Académie d'Agriculture*, la derniere à la vérité de l'Italie par son institution, mais certainement une des premieres de l'Europe par son objet?

Il est vrai que la plûpart des Livres que j'indique par ce second Catalogue, ne sont que des Traductions, ou des Imitations d'Ouvrages presque tous Anglois: mais c'est cette attention même à consulter les bonnes sources, qui marque le désir que nous avons de nous instruire, & c'est tout pour le François; il ne s'applique pas sans succès à ce qu'il entreprend. Il n'est guère de Sciences qu'il n'ait perfectionnées en les cultivant. Quand les François s'occuperont sérieusement du Commerce, ils redoubleront la jalousie de leurs Rivaux; mais ils n'en auront rien à craindre.

Je crois ne devoir laisser ignorer ni au Public, ni à vous, MONSIEUR, que votre qualité de Journaliste (*a*) rend attentif à tous les détails qui peuvent intéresser la République des Lettres, que nous devons les principaux Ouvrages de ce Catalogue à deux Auteurs qui font le plus grand honneur à la Province où ils sont nés (*b*), & que l'amitié n'unit pas moins que la parenté. Je dois ajoûter qu'ils ont donné les preuves de cette haute capacité, & de ce zèle égal qui les anime l'un

---

(*a*) M. le Docteur LAMI est l'Auteur des Nouvelles Littéraires qui s'impriment à Florence.

(*b*) Le Maine.

& l'autre pour le bien de la Patrie ; dans un âge où il est rare de rassembler tant de connoissances, & plus rare encore d'en faire un pareil usage. Un nombre aussi considérable de Livres utiles, qui ont paru presque tous à la fois, est pour ceux qui écrivent l'Histoire de l'Esprit, une Epoque certaine de ses progrès. Nos Voisins ne pourront plus avec justice reprocher à nos Ecrivains, de n'avoir avec les agrémens, que la frivolité de la Nation. Elle s'est en tout tems tellement distinguée dans la Philosophie & les Belles-Lettres, que ce reproche ne pouvoit tomber que sur la négligence de l'Etude du Commerce, qui est une Science où le calcul Arithmétique est nécessaire, mais ne suffit pas.

Le Négociant, suivant l'idée qu'en donne un Auteur Anglois,

peut en effet être regardé comme le Dispensateur des Thrésors d'une Nation, à cause du Commerce & des correspondances qu'il a dans les Pays Etrangers, & l'on ne doit estimer celui qui s'applique à cette profession, qu'autant que par son expérience & sa probité, il fait ensorte que son profit particulier ne soit jamais séparé de celui de l'Etat.

Ce qui m'étonne davantage, c'est que ceux de nos Gens de Lettres, qui ont le plus affecté de reprocher à notre Nation cette frivolité dont on l'accuse, ne l'aient occupée eux-mêmes que de choses frivoles: nos Livres modernes si pleins d'esprit & si vuides de sens, sont une preuve de ce que j'avance. Ceux qui se disent les Précepteurs du Genre humain, devroient du moins joindre les exemples aux leçons;

mais la plûpart n'ont que l'orgueil & la vanité du Titre. On est trop heureux, quand ils se bornent à amuser leurs Disciples. Combien sacrifiant le bien public à l'envie de faire du bruit, égarent le plus souvent ceux qui ont le malheur de les prendre pour guides ! Il étoit réservé à notre Siécle de voir des Docteurs de Morale prêcher l'Irréligion.

De toutes les Langues modernes, l'Anglois depuis vingt ans est presque la seule que nos Gens de Lettres se piquent de connoître : Quel auroit dû être le but de ceux qui s'y sont appliqués ? De puiser chez nos Voisins des richesses qui nous manquent. S'il est une partie où ils l'emportent sur nous, c'est certainement dans la quantité d'Ouvrages excellens qu'ils ont sur la Culture des Terres & sur le Commerce, c'eſt-à-dire, ſur les objets les plus intéreſſans pour la Société. Quelques Ecrivains François qui avoient connu ces Thréſors s'étoient contentés de nous les indiquer : avant les deux dont je viens de parler, aucun ne s'étoit encore aviſé de nous en faire part. Nos Traducteurs s'étoient tous attachés à des parties plus brillantes, ou à celles qui ſont en effet ſi piquantes au goût de ceux qui prennent pour Philoſophie ce qui n'en eſt que l'ombre. Quoique les Piéces du Théatre Anglois ſoient la plûpart auſſi contraires à l'honnêteté des Mœurs qu'aux régles de l'Art, & qu'on y trouve la preuve la plus forte de la ſupériorité que nous avons ſur nos Voiſins dans toutes les choſes de goût : cependant comme il y a beaucoup de génie, il nous étoit utile de les connoître.

Je demanderois bien plutôt à quoi peuvent nous servir tous ces Romans Bourgeois, qui ne ſont que des imitations plus ou moins heureuſes de ceux des nôtres, qui ont eu quelque ſuccès, ſi le nombre de Gens d'eſprit même qui s'en amuſent ne juſtifioit pleinement ceux qui prennent la peine de les traduire. D'ailleurs il eſt vrai que le ſeul riſque que l'on court à les lire, c'eſt de perdre ſon tems. Loin d'avoir rien de dangereux pour les Moeurs, pluſieurs en ſont une véritable Ecole, & en les enviſageant de ce côté, ils ne laiſſent pas de pouvoir être utiles. Mais que dire de tant de Livres de cette Philoſophie dangereuſe qui ôte aux Hommes le ſeul frein peut-être qui les retienne, & que n'ont pû remplacer juſqu'ici dans aucun Pays les vaines reſſources de cette ſageſſe ſi vantée ? C'eſt faire pis qu'augmenter le fonds de nos frivolités nationales, que de faire paſſer dans notre Littérature ces ſources étrangeres, mais empoiſonnées, de l'égarement des eſprits & de la corruption des cœurs. C'eſt pécher contre la Société, que de répandre parmi nous ces germes de contagion, dont en Angleterre même ceux qui ont quelque amour pour le bien public ſe plaignent ſi amerement.

Quoique la vérité philoſophique de quelque propoſition que ce ſoit, ne dépende en aucune maniere de ce qu'elle y peut contribuer ou nuire, que doit-on penſer d'un Homme qui enſeigne une Théorie, fût-elle démontrée, dont la Pratique, de ſon propre aveu, ne peut qu'opérer la dépravation des Mœurs? La juſtice que l'on rendra à la ſubtilité de ſes Recherches, fera-t-elle moins déteſter ſon ſyſtême ? Pour confondre ces prétendus Philoſophes que leur orgueil aveugle, on ne riſque rien à leur accorder l'impoſſible ; on a toûjours à leur répondre, que s'il y avoit (ce qui ne ſe peut en effet) des Vérités pernicieuſes pour la Société, ce ſeroit toûjours un crime que de les révéler.

Si M. DE DANGEUL & l'Auteur des *Elémens du Commerce*, ſe fuſſent ainſi contentés de borner leurs plaintes à l'emploi inutile ou dangereux que la plupart de nos Ecrivains font de leurs talens, le Lecteur ne pourroit qu'applaudir à la ſageſſe de leurs Réflexions : mais dans ce qu'ils ont dit l'un & l'autre, & des Auteurs & du grand nombre d'Académies de France, dont l'objet eſt d'éclairer les hommes, encore plus que de les amuſer, ils ne paroiſſent certainement pas auſſi judicieux que dans le reſte de leurs Ouvrages.

Un Citoyen de la République des Lettres, qui par la Profeſſion de Cenſeur qu'il y exerce, eſt fait pour redreſſer les torts & réformer les abus, a eu raiſon de repouſſer cette eſpéce d'incurſion (*a*). Il a calculé que ce grand nombre d'Ecrivains eſt au plus de deux cens, ſur vingt millions d'ames que la France contient. Il a fait voir l'uti-

---

(*a*) Voyez l'Année Littéraire, *Tome III.* Lettre VII.

M. Fréron y venge pleinement l'honneur des Gens de Lettres, ſans ſortir lui-même des bornes de la modération. La Critique ſeroit auſſi louable qu'utile, ſi elle ſe régloit toûjours ſur ce ton, & ſi l'on ne mêloit jamais de fiel au ſel qui eſt peut-être néceſſaire pour l'aſſaiſonner.

lité que l'Etat & les Particuliers retirent de ces différentes Académies (*a*). Il remarque que ces Compagnies ne sont pas composées uniquement de cette sorte de Gens de Lettres, qui n'ont pas d'autre

---

(*a*) Il est plus que probable que ce sont ces sages établissemens qui ont fait tomber dans le mépris, les genres d'occupations puériles & les abus de l'esprit qui étoient autrefois si fort à la mode. Dans les tems où ces cercles choisis donnoient le ton à Paris, un Sonnet suffisoit pour faire la réputation d'un Auteur. Quel rôle joueroit aujourd'hui dans une Académie, celui qui n'auroit d'autre tribut à y apporter? Il résulte un avantage certain du concours des esprits cultivés, c'est qu'on contracte dans leur Commerce ce discernement & ce goût que les Belles-Lettres donnent naturellement. Qu'il seroit à souhaiter qu'on y pût contracter aussi aisément des qualités plus essentielles à la Société, & que la vraie Philosophie devroit donner!

état que celui d'Auteur. En effet plus de la moitié de l'Académie Françoise même, qui n'a pour objet que la perfection de la Langue, & les choses de pur Bel-Esprit, occupent d'autres Emplois dans la Société.

Ceux qui représentent comme un malheur pour l'Etat, ce qui lui est tout à la fois le plus glorieux & le plus avantageux, s'il est vrai qu'ils y aient beaucoup réfléchi, devoient y réfléchir encore davantage. Ils n'auroient pas eux-mêmes aussi-bien écrit, & par conséquent aussi utilement (car souvent ce qui est mal dit est dit en pure perte) s'ils n'avoient pas le bonheur d'être nés dans une Nation qui abonde en Ecrivains de toute espéce. Il n'est guère possible qu'où il y en a tant, il n'y en ait pas un grand nombre de mauvais; mais s'il n'y en avoit pas beaucoup, il ſeroit encore plus difficile qu'il y en eût de bons.

L'Auteur des *Elémens du Commerce* perd ſon objet de vûe, & n'en ſoûtient plus la dignité lorſqu'il deſcend à un ſi petit détail contre ce grand nombre de *Poëtes médiocres*, & de *Romanciers inſipides* qui ſe font aſſûrément plus de tort à eux-mêmes qu'à la Société. *Laborat carmen in fine.*

Je rends juſtice à ces deux Auteurs; ils n'ont péché que par un excès de zéle pour le bien Public, & quelles fautes ne pardonneroit-on pas à un ſi beau motif? Ils me paroiſſent encore plus excuſables en ce qu'ils ont contracté, ſans s'en douter, peut-être, ce ton d'amertume contre les Auteurs, & cette étrange prévention contre les Académies, dans ce grand nombre de Livres utiles, à la vérité, mais très-peu philoſophiques, où de ſimples Marchands Anglois ont ſi ſouvent évaporé leur bile contre toute autre Profeſſion que celle qu'ils exercent. L'Original qui vouloit mettre toute la France en Ports de Mer, n'étoit pas plus déraiſonnable que ceux qui n'admettent de Citoyens utiles que les Laboureurs, les Artiſans & les Marchands. Un d'entre eux dans un Diſcours ſur le Commerce (*a*), ſe plaint amerement de la multitude des Ecoles fondées, & du tort que font à l'Angleterre les deux riches Univerſités qui y ſont établies. Il y paroît très-courroucé de ce que: » Les Ecoliers qui y ſont inſtruits,

(*a*) Il eſt intitulé en Anglois : *BRITANNIA LANGUENS, or a Diſcourſe of Trade, &c. Humbly offered tothe Conſideration of this Parliament. London 1689.* Voyez la Section VII.

» n'apprennent rien dans Homere, » ni dans Virgile de ce qui regarde » les Manufactures, l'Importation » ou l'Exportation. « Il l'est encore bien plus de ce que : » Les Gens de » Lettres, & ceux qui font profes» sion d'écrire en quelque genre que » ce soit, sont traités dans le monde » avec distinction, & vivent comme » s'ils étoient nobles..... Aussi, » dit-il, nous efforçons-nous d'ex» celler dans la Logique & la Phi» losophie (qui bien qu'utiles d'ail» leurs, n'ajoûtent pas une obole » aux richesses de la Nation ....) » Nous avons des Microscopes où » le plus petit insecte paroît d'un » volume énorme; nous cherchons » le Monde dans la Lune par le » moyen de nos Télescopes, nous » envoyons peser l'air au sommet » du Ténérif, &c. «

Je ne suivrai pas plus loin cet

honnête Marchand qui s'égare toutes les fois qu'il ſort de ſa Sphere, & qui en voulant tourner les Sciences en ridicule, va juſqu'à blâmer l'étude de l'Aſtronomie, ſans laquelle il n'y a point de Navigation & par conſéquent point de Commerce. C'eſt ainſi que chacun dans ſa Profeſſion ne reconnoît pas le beſoin qu'elle a du concours des autres, & que l'*Eſprit Particulier* eſt toûjours contraire à l'*Eſprit Public*, ſi recommandé en Angleterre.

On a reproché à M. De Dangeul d'avoir relégué les Auteurs parmi ce qu'il y a de plus mépriſable dans la Nation : *les Agioteurs, les Solliciteurs de Procès & les Mendians*. L'Anglois que je viens de citer place dans une même claſſe : *les Portes-Balles, les Marchands Boutiquiers, les Avocats, les Médecins, les Eccléſiaſtiques même, ainſi que les*

Auteurs, avec les Solliciteurs de Procès & les Usuriers. Il est assez commun de voir ainsi chez nos Voisins la liberté dégénérer en licence. Si je crois qu'il est de notre intérêt de les imiter, je me garde bien de penser que nous devions le faire en tout. Lorsque nous examinerons leur conduite avec attention, nous verrons que le Fanatisme & les erreurs de quelques Particuliers ont fait plus d'une fois tort à ce fonds de sagesse qui est dans la Nation. Nous devons à cet égard faire comme les Peintres, qui lorsqu'ils se servent d'un modele, ne prennent que ce qu'ils y remarquent de beau, & laissent ce qu'ils y trouvent de défectueux.

Voilà ce que l'on étoit en droit d'attendre des deux Auteurs, qui ont le mieux appris des Anglois à traiter des matieres du Commerce,

& qui dans des Ouvrages où j'aurois voulu pouvoir tout louer, n'ont pas assez ménagé l'honneur des Lettres, que pour le bien public même on doit toûjours respecter. C'est son intérêt & celui de la vérité, qui m'ont arraché cet aveu. *Amicus Plato, Amicus Aristoteles, Magis Amica Veritas.*

M. HUME plus Philosophe & plus Politique sur tous ces points, est bien loin d'avoir donné dans aucun de ces excès : il a vu non-seulement comme une nécessité, mais comme un avantage dans une Société policée, ce qui a si souvent échauffé la bile de plusieurs de ses Compatriotes, bien intentionnés en effet, mais trop renfermés dans leur Sphere, & que l'intérêt particulier a presque toûjours empêchés d'appercevoir l'intérêt général.

Il n'en eſt pas moins attentif à recommander l'encouragement, & les ſoins continuels que tout Gouvernement ſage doit donner au Commerce. Il eſt même un des premiers qui aient remarqué qu'avant le dernier Siécle, on ne s'étoit pas encore aviſé de le regarder comme une affaire d'Etat; qu'aucun de ceux qui ont écrit anciennement des matieres Politiques, ne l'y ont compris; que les Italiens eux-mêmes ont gardé un profond ſilence ſur cet objet, quoiqu'il ait depuis excité la principale attention des Miniſtres & des raiſonneurs ſpéculatifs.

Dans les Siécles d'ignorance, où les Républiques de Veniſe & de Gènes ſont parvenues à un ſi haut point de grandeur, on n'avoit pas ouvert les yeux ſur la vraie cauſe de leur élévation; ce ſont les richeſſes immenſes (*a*) & les exploits militaires ſi ſurprenans des Puiſſances Maritimes d'aujourd'hui, qui ont inſtruit le Genre humain de la haute importance d'un Commerce extenſif. Quels avantages n'a pas la France pour ſoûtenir & augmenter le ſien par ſa ſituation, par la ferti-

---

(*a*) Sans remonter plus haut dans l'Hiſtoire, on ne s'étonna pas aſſez en 1522. de voir le plus puiſſant Empereur qui ait exiſté depuis Charlemagne, obligé, pour continuer la guerre, d'aller en Angleterre demander de l'argent à Henri VIII. L'Auteur des nouvelles Annales de l'Empire en donne la raiſon : Charles-Quint ne tiroit rien de l'Allemagne, & l'Eſpagne ne lui fourniſſoit que peu de choſe. Mais pourquoi de ſi vaſtes Etats produiſoient-ils ſi peu à leur Souverain ? Il eſt aiſé de répondre à cette queſtion : Les uns étoient privés de tout Commerce, & celui des autres étoit beaucoup déchu.

lité de ses Provinces, & par l'Industrie de ses Habitans. Je ne crains pas encore d'avancer que quoi qu'en disent les Anglois, grace à l'excellence de notre Gouvernement, les biens, les fortunes, les vies des Sujets y sont aussi en sûreté qu'en Angleterre. Si le Commerce fleurit moins en ce Royaume, ce n'est pas qu'il y soit moins sûr, c'est qu'en effet, il y est moins honoré; & l'on ne sait que trop que dans notre Nation, l'honneur est la vertu, ou du moins la manie de tous les Etats. Plusieurs de nos Rois, entre autres le Roi Jean, François I. Henri III. Henri IV. Louis XIII. & Louis XIV. sur-tout, ont tenté par cette voie d'encourager la Navigation & les Manufactures. Louis XIII. par l'Ordonnance de Mer, déclare que les Gentilshommes qui feroient ce Commerce (celui de

Mer) par eux-mêmes, ou par des personnes interposées, ne dérogeroient point à leur noblesse. Le préjugé, dirai-je, ridicule ou barbare? qui lui interdit ce Commerce même, qui n'a rien que de noble, subsiste encore dans son entier. Louis XIV. a accordé des Lettres de noblesse au fameux Van Robais: malheureusement la façon de penser de ces sages Monarques, n'a pas assez influé sur celle de leur Peuple. Le Particulier a été décoré, la Profession est restée la même. L'Empire des Préjugés est plus puissant que celui des Loix & des Souverains. Ce n'est point la force qu'on doit employer contre des Fantômes, c'est la lumiere seule qui peut les dissiper. Mais c'est en vain qu'on la présente au grand nombre des hommes, qui ont sur les yeux le bandeau de l'ignorance, ou dont la vûe eſt trop foible pour la ſupporter.

En vain la ſageſſe des Légiſlateurs travaille à éclairer les hommes ſur leurs vrais intérêts, ce qui eſt contraire à leurs anciens principes les révolte : c'eſt la lumiere qui bleſſe des yeux qu'une longue habitude auroit accoûtumés à l'obſcurité. De-là cette opiniâtreté préſomptueuſe dans un Noble, qui n'a pour tout mérite que l'orgueil de ſa naiſſance, & qui croiroit y déroger par ce que des Grands Ducs de Toſcane n'ont pas trouvé au-deſſous d'eux.

Quel renverſement dans les idées! Ce n'eſt point à la diſſipation, c'eſt à l'Economie que l'on attache le mépris. Tel ne rougit pas de ne point payer ſes dettes, qui regarde comme des actes ſerviles l'attention de faire valoir lui-même ſes héri-

tages

tages & le ſoin de ménager ſes propres intérêts. Les François n'ont pas toûjours penſé ainſi : les Hiſtoriens remarquent que les Grands & les Seigneurs les plus qualifiés de la Cour de Charlemagne, s'occupoient avec complaiſance à faire fructifier leurs biens & leurs poſſeſſions, & entretenoient dans leurs Terres des Fabriques de toute eſpéce dont les Ouvriers travailloient à leur profit. Quel exemple de ſageſſe pour un Siécle, qui n'étoit pas à beaucoup près auſſi éclairé que le nôtre ! Mais le bon ſens n'étoit pas encore hors de mode. Les vains rafinemens d'eſprit & les fauſſes délicateſſes ſur l'honneur, qui ont ſuivi depuis, nous ont tellement écartés des vrais principes de la raiſon, que nous n'avons plus que de fauſſes notions de ce qui eſt honnête ou de ce qui eſt utile.

Aujourd'hui, ce n'est pas le Gouvernement, nous devons l'avouer à sa gloire, c'est le Peuple même qu'il faut convaincre de l'importance du Commerce & de la nécessité de l'honorer; & quand je dis le Peuple, je veux parler de ceux qui dans tous les Etats, ou ne pensent pas, ou pensent de travers; qui faute de remonter aux Principes de chaque chose veulent les fins & refusent d'admettre les moyens, & qui ne démêlant pas leur intérêt particulier dans l'intérêt général, agissent le plus souvent contre l'un & l'autre sans s'en appercevoir.

Le Militaire, le Magistrat, le Négociant, tous servent également l'Etat, quoique d'une maniere différente, tous ont droit par conséquent aux honneurs que méritent, selon leur espéce & leurs degrés, les ſervices rendus à la Patrie. Une Monarchie exige néceſſairement une ſubordination de rangs. Dès-lors la Profeſſion des Armes doit être la plus, mais non pas la ſeule honorée.

C'eſt pécher également, & contre la juſtice & contre la Politique, que d'avilir les profeſſions qui aſſûrent ou qui augmentent les fortunes des Citoyens (*a*). Le Com-

---

(*a*) Quoique M. HUME regarde ces inconvéniens, comme les ſuites néceſſaires de la forme du Gouvernement, & qu'il ait la bonne foi d'avouer ceux qu'une Conſtitution Politique toute différente entraîne en Angleterre, il n'eſt pas moins vrai que de part & d'autre, ſans rien changer aux principes, on pourroit corriger les abus les plus eſſentiels. » Dans la plûpart des Pays de l'Europe, dit-» il, la principale ſource de diſtinction con-» ſiſte dans la Naiſſance, c'eſt-à-dire, dans

merce Etranger, dit un Auteur

» des Titres héréditaires & des honneurs que
» le Souverain accorde. En Angleterre on a
» plus de conſidération pour les richeſſes &
» l'opulence préſentes. Ces uſages différens
» ont chacun leurs avantages & leurs déſa-
» vantages. Où l'on reſpecte la Naiſſance,
» des eſprits nonchalans & que rien ne peut
» exciter demeurent dans une orgueilleuſe in-
» dolence, & ne s'occupent que de leurs Ti-
» tres & de leurs Généalogies, tandis que les
» eſprits généreux & ambitieux cherchent les
» honneurs & le Commandement, la répu-
» tation & la faveur : où les Richeſſes ſont
» la principale idole, la corruption, la vé-
» nalité & la rapine prévalent; mais, d'un
» autre côté, les Arts, les Manufactures, le
» Commerce & l'Agriculture fleuriſſent. Le
» premier préjudice étant favorable à la vertu
» Militaire, eſt plus fait pour les Monar-
» chies; l'autre étant le principal éperon de
» l'induſtrie, convient mieux à un Etat Ré-
» publicain. Nous trouvons en conſéquence
» que chacune de ces formes de Gouverne-
» ment, en variant l'utilité de ces coûtumes,

Anglois, eſt le plus grand revenu du Roi, l'honneur du Royaume, la noble profeſſion du Négociant, l'Ecole de nos Arts, le ſupplément de nos Matelots, le Boulevard de notre Iſle, la ſource de nos Tréſors, le nerf de nos Guerres, la terreur de nos Ennemis. Quel éloge! Cependant cet éloge n'eſt qu'une deſcription.

On confond trop en ce Pays-ci le ſimple Marchand & le Négociant: l'un & l'autre ont pour objet de faire leur fortune, mais en s'enrichiſſant, celui-ci a l'avantage d'enrichir & de rendre par conſéquent le Royaume plus puiſſant. Pourquoi ne pas attacher à un Etat

---

» a communément un effet proportionné ſur » les ſentimens du Genre Humain. «

Eſſais de Morale & de Philoſophie, Partie ſeconde, Section VI.

ſi reſpectable des honneurs qu'on ne refuſe pas à d'autres Profeſſions infiniment moins utiles à la Société, & où il faut même moins de capacité & de prudence. A moins que l'on n'offre quelque appas à la vanité qui, du moins en France, eſt un mobile auſſi puiſſant ſur la plûpart des hommes que l'intérêt, on ne viendra pas à bout de retenir dans le Commerce ceux qui s'y étant enrichis, y deviennent les plus néceſſaires, & qui y renoncent pour parvenir aux Places qui ſont ſeules honorées. Le Fils d'un Négociant ne quitteroit pas l'état où ſon Pere a fait fortune, s'il y pouvoit jouir de cette conſidération, à laquelle il ſacrifie ſes richeſſes préſentes & l'eſpoir de les augmenter. Quels Citoyens mériteroient mieux des diſtinctions dans le Tiers-Etat, que ceux qui par un Commerce aussi avantageux au Royaume qu'à eux-mêmes, augmentent les revenus des terres de cette même Noblesse qui les méprise, rendent le fardeau de la Taille moins pesant sur le peuple, excitent l'Industrie des Artisans de chaque espéce, & attirent enfin de toutes parts dans un Pays, cet argent que les Particuliers qui ont le plus d'amour pour la gloire, sont encore obligés de rechercher, & qui pour l'Etat n'est pas moins le soûtien de la paix que le nerf de la guerre. Avec tous ces Préjugés que deviendroient la Noblesse & le Clergé, même sans le travail de ces Laboureurs si misérables, & l'Industrie de ces Marchands si peu estimés ? Apprenons-le d'un Noble, qui ne l'étoit pas moins par les sentimens que par la naissance, d'un excellent Citoyen & d'un grand Ministre. M. le Duc DE SULLY, dont je rapporterai les propres expressions, après avoir donné à la Noblesse les éloges qui lui sont dûs, ajoûte que : » Néanmoins il se verra, si toutes circonstances sont » bien examinées en détail, & par » le menu, que ce Corps tant plein » d'éclat, de gloire, de splendeur, » & de hautaines jactances, deviendroit non-seulement inutile, mais » dangereux à l'Etat, s'il se trouvoit une fois destitué des aides, » secours & assistances qu'il tire des » Marchands, Artisans, Pasteurs » Laboureurs. . . . . & qu'un Etat » Souverain se passeroit mieux, pour » les chevances & commodités de » la vie humaine, de Gens d'Eglises, Nobles, Officiers de Justice » & Financiers, que de Marchands, » Artisans, Pasteurs & Laboureurs *(a)*.

(*a*) *Economies Royales & servitudes loyales.*

Quelques chimériques que ſoient toutes ces idées, qui mettent de ſi puiſſantes entraves à notre Commerce, elles ſont tellement enracinées dans la plûpart des eſprits, que la raiſon même ne peut eſpérer d'en triompher qu'avec le tems. C'eſt pour cela qu'on ne peut trop multiplier les Ecrits qui répandent la lumiere ſur des objets ſi intéreſſans. C'eſt entrer dans les vues du Prince qui ne veut que le bien de ſes Sujets, c'eſt faciliter les opérations des Miniſtres qui ne cherchent qu'à le procurer.

Il n'eſt point d'Ecrivain Politique qui ne convienne que la Monarchie, ſous un bon Prince, eſt le plus parfait de tous les Gouvernemens. Tel eſt, MONSIEUR, le bonheur dont nous jouiſſons. C'eſt à ſes vertus & aux acclamations de ſon Peuple, que LOUIS doit le ſurnom de

BIEN-AIMÉ, titre en effet si digne d'un ROI qui en est le Pere, & qui fera compter à jamais ce Monarque bienfaisant parmi les plus grands Rois de la Monarchie. L'amour des Sujets fait la gloire & la force des Princes. *Quòd tutius Imperium est, quàm illud quod amore & caritate munitur? Quis securior quàm REX ille quem non metuunt, sed cui metuunt subditi.*

SYNES. de Regno.

De Paris le 30. Juillet 1754.

DISCOURS POLITIQUES,

TRADUITS DE L'ANGLOIS DE DAVID HUME.

DISCOURS PREMIER.

Du Commerce.

LA plus grande partie du Genre humain peut être divisée en deux classes ; l'une des hommes qui pour ne pas penser assez, n'arrivent pas jusqu'à la vérité, l'autre de ceux qui pour penser trop, vont quelquefois au-delà. La derniere claſſe n'eſt pas à beaucoup près auſſi nombreuſe que la premiere, & je puis ajoûter, eſt infiniment plus utile & plus eſtimable. Ceux qui la compoſent ſuggerent du moins des idées ; ils entament des queſtions que peut-être ils n'ont pas l'habileté de réſoudre, mais qui peuvent produire de très-belles découvertes, lorſqu'elles ſont maniées par des gens qui ont une façon de penſer plus juſte. Au pis aller, ce qu'ils diſent n'eſt pas ordinaire ; & ſi l'on a quelque peine à les comprendre, on en eſt dédommagé par le plaiſir d'entendre quelque choſe de nouveau. On fait peu de cas d'un Auteur qui ne nous dit rien que ce que nous pouvons apprendre dans une converſation de Caffé.

Tous les gens dont l'eſprit eſt

borné, ne manquent pas de décrier ceux mêmes qui joignent la solidité à l'étendue de l'esprit ; ils les accusent de rafiner & de penser en tout d'une maniere trop métaphysique & trop abstraite ; ils n'accorderont jamais qu'une chose est juste, dès qu'elle passe leurs foibles conceptions. Il y a quelques cas, je l'avoue, où un extrême rafinement peut faire naître une forte présomption de fausseté, & où l'on doit se défier de tout raisonnement, qui n'est pas simple & naturel. Lorsqu'un homme délibere sur la conduite qu'il doit tenir dans une affaire particuliere, & qu'il se forme quelque plan dans la Politique, le Commerce, l'Œconomie, ou quelque affaire de la vie que ce soit, il ne doit jamais tirer d'un principe des argumens trop subtils, ni lier une trop longue chaîne de conséquences ensemble; il arrivera sûrement quelque événement qui déconcertera ses raisonnemens, & produira un effet tout différent de ce qu'il attendoit. Mais lorsque nous raisonnons sur des sujets généraux, on peut affirmer avec raison que nos spéculations ne peuvent pas être trop approfondies, pourvû qu'elles soient justes, & que la différence entre un homme commun & un homme de génie se remarque principalement dans le plus ou le moins de profondeur des principes sur lesquels ils fondent leurs idées.

Les raisonnemens généraux ne sont pas aisés à suivre par la seule raison qu'ils sont généraux, & il n'est pas facile au gros du Genre humain de distinguer dans un grand nombre de cas particuliers, cette circonstance commune où tous concourent, ou de l'extraire pure & sans aucun mêlange des autres circonstances superflues. Avec la plûpart des hommes tout jugement est particulier : ils ne sauroient étendre leur vûe à ces propositions universelles, qui contiennent un nombre infini de propositions particulieres, & qui renferment toute une Science dans un simple Théorême. Leur œil est fatigué des efforts qu'il fait pour embrasser des objets d'une aussi grande étendue, & les conséquences que l'on en tire, quelque clairement qu'elles soient exprimées, leur paroissent obscures & embarrassées. Mais quelques difficultés qu'on y apperçoive, il est certain que les principes généraux, s'ils sont justes & bien établis, doivent toûjours prévaloir dans le cours général des choses, quoiqu'ils puissent manquer dans des cas particuliers ; & le premier devoir des Philoſophes eſt d'avoir égard au cours général des choſes ; je puis ajoûter que les Politiques doivent faire de même, ſpécialement dans le Gouvernement œconomique d'un Etat, où le bien public qui eſt, ou doit être, leur principal objet, dépend de la concurrence d'une multitude de cas ; & non, comme dans les rélations qu'il a avec ſes voiſins, des événemens, du haſard, & du caprice de quelques perſonnes. Voilà d'où naît la différence qui ſe trouve entre les délibérations particulieres & les raiſonnemens généraux, & ce qui rend la ſubtilité & le rafinement beaucoup plus convenables dans le dernier cas, que dans le premier.

J'ai crû cette Introduction néceſſaire à la tête des Diſcours ſuivans ſur le Commerce, le Luxe, l'Argent, l'Intérêt, &c. où l'on trouvera peut-être des principes qui ne ſont pas communs, & qui ne quadrent pas avec les idées du vulgaire ſur ces différentes matieres; s'ils ſont faux, qu'on les rejette, mais perſonne ne ſe doit prévenir contre, par la ſeule raiſon qu'ils ſont hors de la voie ordinaire.

La grandeur d'un Etat & le bonheur des Peuples, quelque indépendance qu'on y puiſſe ſuppoſer à certains égards, ſont reconnus pour être inſéparables en ce qui regarde le Commerce, & comme les Particuliers reçoivent de la puiſſance de l'Etat une plus grande ſûreté, dans la poſſeſſion de leur commerce & de leurs richeſſes, de même l'Etat devient puiſſant à proportion des richeſſes, & de l'étendue du Commerce des Particuliers.

Cette maxime est vraie en général, quoiqu'à mon avis elle puisse souffrir quelques restrictions. Je pense même que nous l'admettons souvent avec trop peu de réserve. Il peut y avoir des cas où le Commerce, les richesses & le luxe des Particuliers, au lieu d'augmenter la force de l'Etat, ne serviront qu'à affoiblir ses armées, & à diminuer son crédit chez les Nations voisines. L'homme est un être très-variable & susceptible de beaucoup de différentes opinions ; il change successivement de principes & de regles de conduite. Ce qui peut être vrai, tant qu'il adhere à une certaine façon de penser, devient faux aussi-tôt qu'il adopte des opinions & des moeurs totalement opposées.

Dans chaque Etat le grand nombre des hommes peut être divisé en *Cultivateurs* & en *Manufacturiers*. Les premiers ſont occupés à labourer & à faire fructifier la terre, les ſeconds à rendre ſes productions propres à toutes les commodités qu'exigent les néceſſités ou les agrémens de la vie. Auſſi-tôt que les hommes quittent leur état ſauvage, où ils vivent principalement de la Chaſſe & de la Pêche, il faut qu'ils ſe partagent en ces deux claſſes; quoique les Arts de l'Agriculture emploient au commencement la plus nombreuſe partie de la Société (*a*). Le tems & l'expé-

(*a*) M. Melon, dans ſon *Eſſai Politique ſur le Commerce*, aſſûre que même à préſent ſi vous diviſez la France en vingt parties, il s'en trouvera ſeize de Laboureurs ou Payſans, deux ſeulement d'Artiſans, une de Gens de Loi, d'Eccléſiaſtiques & de Militaires, & une de Marchands, de Financiers

rience perfectionnent tellement ces Arts, que la terre peut aisément maintenir un plus grand nombre d'hommes que ceux qui sont employés à la cultiver, ou qui fournissent les Manufactures les plus nécessaires à ces Cultivateurs †.

Si ces mains superflues sont tour-

& de Bourgeois. Ce calcul est certainement très-défectueux, en France, en Angleterre & dans la plus grande partie de l'Europe, la moitié des Habitans vivent dans les Villes, & de ceux mêmes qui vivent à la Campagne, un très-grand nombre sont Artisans, peut-être au-dessus d'un tiers.

† Il y a en France année commune un cinquième de grains surabondant, le Royaume a vingt millions d'Habitans, il est aisé de conclurre de-là que quatre millions d'hommes de plus y pourroient subsister. Le travail de ces quatre millions augmenteroit encore la quantité de grains, & par conséquent le nombre des Habitans.

nées du côté de ces Arts recherchés, que l'on appelle communément *les Arts de Luxe*; elles ajoûtent au bonheur d'un Etat, puisqu'elles apportent à un grand nombre d'hommes la facilité de se procurer des jouissances, qui autrement ne leur auroient pas été connues. Mais ne peut-on pas proposer un autre plan pour l'emploi de ces mains superflues ? Le Souverain ne peut-il pas les réclamer, & les employer dans les Flottes & dans les Armées, pour augmenter le domaine de l'Etat au-dehors, & répandre sa réputation chez les Nations éloignées.

Il est certain que moins les Propriétaires & les Laboureurs de la terre ont de désirs & de besoins, moins ils emploient de mains; & par conséquent ce qui reste de terre, au-lieu d'être destiné au soûtien des Marchands & des Manufacturiers, peut entretenir des Flottes & des Armées bien plus facilement que dans les pays où beaucoup d'Arts ſont néceſſaires pour fournir au luxe de quelques Particuliers. Ici donc il paroît une eſpece d'oppoſition entre la grandeur de l'Etat & le bonheur des Sujets. Un Etat n'eſt jamais plus grand que lorſque toutes les mains ſuperflues, dont nous avons parlé, ſont employées au ſervice du Public : l'aiſance & les commodités des Particuliers demandent que ces mêmes mains ſoient employées pour leur propre utilité. On ne peut ſatisfaire à l'un, qu'aux dépens de l'autre. Comme l'ambition du Souverain doit prendre ſur le luxe des Particuliers, auſſi le luxe des Particuliers doit diminuer la force & arrêter l'ambition du Souverain.

Ce raisonnement n'est pas chimérique ; il est fondé sur l'Histoire & sur l'expérience. La République de Sparte étoit certainement plus puissante qu'aucun Etat que nous connoissions aujourd'hui, où il y ait le même nombre de Peuple. Cette force étoit dûe à son manque de Commerce & de luxe. Les † *Ilotes* étoient les Laboureurs, & les Spartiates les Soldats. Il est évident que le travail des *Ilotes* n'auroit pû suffire à l'entretien d'un si grand nombre de Spartiates, si ceux-ci eussent vécu dans l'aisance & la délicatesse, & fourni de l'emploi à une grande variété

† *Ilotes*, Esclaves de Sparte. Les Spartiates, pour recommander la sobriété à leurs Enfans, faisoient enyvrer ces Esclaves & les leur faisoient voir dans cet état. Voyez M. Rollin.

de Commerces & de Manufactures. On peut remarquer la même politique dans Rome : l'Histoire ancienne fait voir par-tout que les plus petites Républiques ont levé & maintenu de plus grandes Armées, que des Etats qui ont trois fois autant d'Habitans ne sont à présent en état de les entretenir On conte que dans toutes les Nations Européennes, la proportion entre les Soldats & le Peuple n'est que d'un à cent. Or nous lisons que la Ville de Rome seule, avec son petit Territoire, a levé & maintenu dès les premiers tems dix Légions contre les Latins. Athènes, dont la domination ne s'étendoit pas plus que la Province d'York, a envoyé près de quarante mille hommes à une expédition contre la Sicile (a). On rapporte que

(a) Thucidide, Liv. 7.

Denys l'Ancien a maintenu ſur pié une Armée de cent mille hommes d'Infanterie & de dix mille de Cavalerie, outre une Flotte conſidérable de quatre cens Vaiſſeaux, quoiqu'il n'eut de ſoûmis à ſa puiſſance que Syracuſe, environ un tiers de l'Iſle de Sicile, & quelques Ports de mer ou Garniſons ſur les côtes de l'Italie & de l'Illyrie (*a*). Il eſt vrai que les Armées des Anciens, en tems de guerre, ſubſiſtoient beaucoup de butin : mais l'ennemi ne pilloit-il pas à ſon tour ? Et cette maniere de lever une taxe n'étoit-elle pas la plus ruineuſe de toutes celles que l'on pour-

(*a*) Diod. Sic. Liv. 2. J'avoue que ce calcul eſt un peu ſuſpect, pour ne rien dire de plus, ſur-tout à cauſe que cette Armée n'étoit pas compoſée de Citoyens, mais de Troupes mercenaires. Voyez le Diſcours X.

roit imaginer ? Enfin on ne peut donner aucune raison probable de la grande supériorité de puissance qu'avoient les anciens Etats sur les modernes, que leur manque de Commerce & de luxe. Ils entretenoient peu d'Artisans du travail de leurs Laboureurs, & par conséquent un plus grand nombre de Soldats pouvoient en vivre. Tite-Live dit, que Rome de son tems auroit de la peine à lever une Armée aussi considérable que celle que dans ses commencemens elle envoya contre les Gaulois & les Latins (*a*). Au-lieu de ces Soldats qui du tems de Camille combattoient pour la liberté & pour l'Empire, il y avoit sous le regne d'Auguste des Musi-

(*a*) *Titi-Livii, Lib. 7. cap. 25. Adeò in quæ laboramus sola crevimus, divitias luxuriemque.*

ciens,

ciens, des Peintres, des Cuisiniers, des Comédiens & des Tailleurs. Si dans ces différens tems, la terre étoit également cultivée, il est évident qu'elle pouvoit faire subsister un nombre égal d'hommes de l'une ou de l'autre profession. Tous ces Arts & tous ces Métiers du tems d'Auguste, n'ajoûtoient aux pures nécessités de la vie, rien de plus que du tems de Camille.

Il est naturel de demander à cette occasion, si les Souverains ne peuvent pas retourner aux maxime de l'ancienne politique; & à cet égard consulter plus leur propre intérêt que le bonheur de leurs Sujets. Je répons que cela me paroît presque impossible, parce que l'ancienne politique étoit violente & contraire au cours des choses le plus commun & le plus naturel. Tout le monde sait par quelles loix particulieres Sparte étoit gouvernée. Cette République n'eſt-elle pas avec raiſon regardée comme un prodige, par quiconque a conſidéré la Nature humaine, comme elle s'eſt montrée dans les autres Nations & dans les autres âges ? Si le témoignage de l'Hiſtoire étoit moins poſitif, un pareil Gouvernement ne paroîtroit qu'un pur caprice phiolosophique, ou une fiction impoſſible à être jamais réduite en pratique.

Quoique la République Romaine, & les autres anciennes Républiques fuſſent établies ſur des principes un peu plus naturels ; cependant il falloit un concours extraordinaire de circonſtances pour engager les hommes à ſe ſoûmettre à des conditions ſi dures. C'étoient des Etats libres & de peu d'étendue ; & ces ſiécles étant guerriers, tous les Etats voiſins étoient continuellement en armes. La liberté engendre naturellement l'*Eſprit public*, ſpécialement dans les petits Etats ; & cet *Eſprit public*, cet amour de la Patrie doit augmenter lorſque les Peuples ſont dans des alarmes continuelles, & qu'ils ſont obligés à tout moment de s'expoſer aux plus grands dangers pour ſa défenſe. Dans une ſucceſſion continuelle de guerres, tout Citoyen eſt Soldat. Ils prennent les armes chacun à leur tour, & durant leur ſervice ſont obligés en grande partie de s'entretenir eux-mêmes, & quoique ce ſervice ſoit équivalent à une taxe très-onéreuſe, le poids en eſt moins ſenti par des Peuples qui font profeſſion des armes, qui ſe battent plus par honneur & par vengeance que pour leur paye, qui ne connoiſſent ni l'appas du gain, ni les reſſources de l'induſtrie, & preſque auſſi peu le plaiſir (*a*). Sans parler de la grande

---

(*a*) Les premiers Romains vivoient dans des guerres continuelles avec leurs voiſins; & dans l'ancien Latin le mot *Hoſtis*, ſignifie tout à la fois un Etranger & un Ennemi. Cicéron qui a fait cette remarque prétend que cela vient de l'humanité de ſes Ancêtres, qui adouciſſoient autant qu'il étoit poſſible la dénomination d'un ennemi, en lui donnant le même nom, qui ſignifie un Etranger. *Des Offices*, *Liv.* 2. Il eſt cependant bien plus probable par les mœurs de ces tems-là, que la férocité de ces Peuples étoit ſi grande qu'elle leur faiſoit regarder tous les Etrangers comme des Ennemis; & que c'eſt par cette raiſon qu'ils donnoient aux uns & aux autres le même nom. D'ailleurs il eſt contre les maximes les plus communes de la Politique ou de la Nature, qu'un Etat regarde de bon œil ſes Ennemis publics, ou conſerve pour eux des ſentimens tels que ceux que l'Orateur Romain veut attribuer à ſes Ancêtres. Je pourrois

égalité de fortunes parmi les Habitans des anciennes Républiques, où chaque champ, appartenant à différent Propriétaire, suffisoit pour entretenir une famille, & rendoit le nombre des Citoyens très-considérable même sans Commerce & sans Manufactures.

Mais quoique le manque de Commerce & de Manufactures, parmi un Peuple libre & guerrier, puisse quelquefois n'avoir d'autre effet, que de rendre le Public plus puissant ; il est certain que dans le

---

ajoûter ici que les premiers Romains exerçoient réellement la Piraterie, comme nous l'apprenons par leurs premiers Traités avec Carthage, que Polybe, *Liv.* 3. nous a conservés ; & par conséquent, de même que les Corsaires de Salé & d'Alger, étoient toûjours en guerre avec la plûpart des Nations, & un Etranger & un Ennemi étoient chez eux des termes presque synonymes.

cours ordinaire des affaires humaines, il en résultera des conséquences toutes contraires. Les Souverains doivent prendre les hommes comme ils les trouvent, & ne pas entreprendre d'introduire par la violence aucun changement dans leurs principes & dans leurs manieres de penser. Il faut un long cours de tems & une grande variété d'accidens & de circonstances pour produire ces grandes révolutions, qui diversifient si fort la face des affaires humaines ; & moins une suite de principes qui sont le soûtien d'une Société particuliere, est naturelle, plus le Législateur trouvera de difficultés à les établir ou à les entretenir.

La meilleure Politique est de s'accommoder au penchant commun du Genre humain, & de le rectifier, autant qu'il est possible, pour le bien de la Société. Aujourd'hui, ſuivant le cours le plus naturel des choſes, l'Induſtrie, les Arts & le Commerce augmentent le pouvoir du Souverain, auſſi-bien que le bonheur des Sujets. C'eſt une Politique trop violente, que celle qui ſe permet de les appauvrir pour l'aggrandiſſement de l'Etat †.

Ceci deviendra ſenſible par quel-

---

† » Loin de nous, loin de la douceur de notre Gouvernement la maxime » horrible, que plus les Peuples ſont dans » la miſere, plus ils ſont dans la ſoûmiſſion. C'eſt la dureté du cœur, & non » la Politique qui l'a dictée, & chez un » autre Peuple que le Peuple François, » dont la fidélité & l'attachement pour ſon » Roi ſont inébranlables. Mais dans toute » ſorte de Gouvernement, s'il y a quelque » choſe à craindre, c'eſt d'un Peuple que ſa » pauvreté réduit au déſeſpoir, & qui n'a » rien à perdre. « *M. Melon.*

ques considérations, qui feront sentir les conséquences de la paresse & de la barbarie. Dans les pays où les Manufactures & les Arts méchaniques ne sont pas cultivés, il faut de nécessité que le gros du Peuple s'applique à l'Agriculture ; si leur savoir & leur industrie augmentent, leur travail doit produire beaucoup plus que ce qui est nécessaire à leur subsistance. En pareil cas ils n'ont aucune tentation de chercher à perfectionner la culture des terres, puisqu'ils ne sauroient échanger ce superflu contre aucune des commodités qui peuvent servir à leur plaisir ou à leur vanité. Une habitude de paresse & d'indifférence prévaut naturellement. La plus grande partie des terres demeure sans culture. Ce qui est cultivé ne produit pas autant que la bonté du sol le comporteroit par manque de savoir & d'assiduité d'assiduité de la part des Fermiers. Toutes les fois que la nécessité exige que le plus grand nombre des hommes soient employés pour le service public, le travail de ceux qui cultivent la terre ne peut pas fournir ce superflu nécessaire pour faire vivre ceux qui défendent le pays. Les Laboureurs n'ont aucun moyen pour augmenter tout à coup leur savoir & leur industrie. Des Terres qui étoient en friche ne sont en état de rapporter qu'au bout de quelques années. Pendant ce tems il faut que les Armées fassent des conquêtes violentes & soudaines, ou qu'elles se séparent faute de subsistance. On ne peut donc attendre de pareils Peuples une attaque ou une défense régulieres ; & leurs Soldats doivent être aussi peu industrieux & aussi ignorans que leurs Fermiers & leurs Manufacturiers.

Toute chose dans le monde s'achete par le travail, & nos passions sont les seules causes du travail. Lorsque les Manufactures & les Arts méchaniques abondent dans une Nation, les Propriétaires des terres, aussi-bien que les Fermiers, étudient l'Agriculture comme une science, & redoublent leur industrie & leur attention. Le superflu qui provient de leur travail n'est pas perdu; il s'échange avec les Manufacturiers, pour ces commodités que le luxe des hommes leur fait désirer. Par ce moyen la terre fournit beaucoup plus des nécessités de la vie que ce qui suffit à ceux qui la cultivent. Dans des tems de paix & de tranquillité, ce superflu est employé à l'entretien des Manufacturiers & de ceux qui perfectionnent les Arts libéraux. Mais il est aisé pour le Public de faire des Soldats de plusieurs de ces Manufacturiers, & de les entretenir de ce même superflu qui provient de l'industrie des Fermiers. Aussi rouvons-nous que cela arrive dans tous les Gouvernemens civilisés. Lorsque le Souverain leve une Armée, qu'en arrive-t-il ? il impose une taxe. Cette taxe oblige tous les gens de se retrancher ce qui est le moins nécessaire à leur subsistance. Ceux qui travaillent à ce genre de commodités, dont on se prive, sont obligés ou à s'enrôler dans les Troupes, ou à se tourner eux-mêmes du côté de l'Agriculture ; & par-là forcent quelques Laboureurs à s'engager faute d'emploi.

En approfondissant cette matiere, on reconnoîtra que si les Manufactures augmentent la puissance de l'Etat, c'est seulement en ce que par ce moyen on met en réserve beaucoup de travail & d'une espece que l'on peut faire servir à l'utilité publique, sans priver aucun particulier des nécessités de la vie. Ainsi plus il y a de travail employé au-delà des pures nécessités, plus un Etat est puissant, puisque les personnes engagées à ce travail peuvent aisément en être distraites pour le service public. Dans un Etat sans Manufactures, il peut y avoir le même nombre de bras; mais il n'y a pas la même quantité de travail, ni de la même espece. Là tout le travail est employé aux nécessités qui n'admettent point de diminution ou n'en comportent que bien peu.

Ainsi la grandeur du Souverain & le bonheur de l'Etat ont beaucoup de relation à l'égard du Commerce & des Manufactures. C'est une méthode violente & impraticable en plusieurs cas que d'obliger le Laboureur à travailler pour tirer de la terre au-delà de ce que comporte sa subsistance & celle de sa famille. Fournissez-lui des Manufactures & des commodités, & il le fera de lui-même. Après cela il vous sera facile de prendre une partie de son travail superflu & de l'employer au service public. Etant fait au travail, le sien lui paroîtra moins onéreux, que si vous l'obligiez tout à coup à une augmentation de peine sans aucune récompense. Le cas est le même à l'égard des autres Membres de l'Etat. Plus le fonds de travail de toute espece est considérable, plus on peut prendre du tas sans y faire aucune altération sensible.

Il faut avouer que les Greniers publics de blé, des Magasins de draps & des Arsénaux bien fournis, ſont les véritables richeſſes & la force de tout Etat. Le Commerce & l'Induſtrie ne ſont vraiment qu'un fonds de travail, qui dans les tems de paix & de tranquillité, eſt employé aux aiſances & à la ſatisfaction des Particuliers ; mais qui dans les beſoins de l'Etat, peut en partie être converti à l'utilité publique. Si nous pouvions changer une Ville dans une eſpece de Camp fortifié & communiquer à chaque Habitant aſſez de ce génie martial & de ce dévouement au bien public, qui font qu'on s'expoſe aux plus grandes fatigues pour l'utilité commune, ces affections pourroient à préſent, comme dans les anciens tems, être un aiguillon ſuffiſant à l'induſtrie, & par conſéquent fournir ce qui ſeroit néceſſaire au maintien de la Communauté. Il ſeroit alors avantageux, comme dans les Camps, de bannir le Luxe & les Arts qui en ſont le ſoûtien, & par des reſtrictions ſur les équipages & ſur les tables, de faire durer les proviſions & le fourrage plus long-tems que ſi l'Armée étoit ſurchargée d'un nombre de perſonnes ſuperflues. Mais comme ces principes ſont trop déſintéreſſés, & trop difficiles à mettre en pratique, il faut néceſſairement gouverner les hommes par d'autres paſſions, & les animer d'un eſprit d'induſtrie, de luxe & de cupidité. Le Camp eſt dans ce cas chargé d'une ſuite ſuperflue; mais les proviſions y viennent en plus grande abondance. L'harmonie du tout eſt encore conſervée, & les penchans naturels à l'homme étant mieux ménagés, les Particuliers, auſſi-bien que le Public, trouvent leur compte dans l'obſervation de ces maximes.

La même maniere de raiſonner nous fera voir l'avantage du Commerce étranger qui rend à la fois l'Etat plus puiſſant & les Sujets plus riches & plus heureux. Il augmente le fonds de travail dans la Nation, & le Souverain peut en convertir la portion qu'il juge néceſſaire au ſervice du Public. Le Commerce étranger, par les marchandiſes qu'il introduit dans un pays, fournit des matieres pour de nouvelles Manufactures ; & par ce qu'il en fait ſortir, il produit un travail dans des commodités particulieres, qui ne pouvoient pas être conſommées au-dedans de l'Etat. Enfin un Royaume qui reçoit & fournit beaucoup abonde néceſſairement plus en travail, dont les choſes de délicateſſe & de luxe ſont ſuſceptibles, qu'un Royaume qui demeure content de ſes productions naturelles. Il eſt par conséquent plus puissant, aussi-bien que plus riche & plus heureux. Les Particuliers recueillent le bénéfice de ces commodités, en ce qu'elles satisfont leurs sens & leurs appétits. Le Public y gagne aussi, puisque par ce moyen un grand fonds de travail est pour ainsi dire enmagasiné pour les besoins de l'Etat : c'est-à-dire, que les Manufactures y font ainsi subsister un plus grand nombre d'hommes laborieux qu'on peut à la premiere occasion faire passer au service public, sans priver personne des nécessités, ou même des principales commodités de la vie.

Si nous consultons l'Histoire, nous trouverons que dans la plûpart des Nations les Manufactures ne se sont perfectionnées qu'à la suite du Commerce étranger, & qu'il a donné naissance au luxe domestique.

On est beaucoup plus tenté de se servir des commodités étrangeres, dont on peut faire usage sur le champ, & qui nous sont entierement nouvelles, que de s'appliquer à perfectionner les commodités domestiques, dont les progrès d'améliorations sont toûjours lents, & qui ne nous affectent jamais par leur nouveauté. Le profit est aussi très-grand à exporter ce qui parmi nous est superflu, & à bas prix, aux Nations étrangeres, dont le sol ou le climat ne sont pas favorables à cette commodité. Ainsi les hommes parviennent à connoître les plaisirs du Luxe & les profits du Commerce. Leur délicatesse & leur industrie une fois éveillées, les engagent à pousser plus avant, & à perfectionner davantage chaque branche de Commerce intérieur ou extérieur. C'est à celui qu'un Etat entretient avec l'Etranger qu'il doit cet avantage : c'eſt le ſeul qui puiſſe retirer les hommes de leur indolence léthargique. En offrant à ceux qui compoſent la partie la plus enjoüée & la plus riche de la Nation des objets de Luxe, auxquels ils n'avoient jamais penſé, on fait naître en eux un déſir d'une maniere de vivre plus ſplendide que n'étoit celle de leurs Ancêtres. En même tems le petit nombre de Marchands qui poſſédent le ſecret de ces Importations & Exportations, font des profits exorbitans, & devenant rivaux en richeſſes de l'ancienne Nobleſſe, donnent de l'émulation à d'autres pour devenir leurs rivaux dans le Commerce. L'imitation répand bien-tôt ces Arts : les Manufactures domeſtiques deviennent émules des Manufactures étrangeres dans leurs progrès & font des efforts pour porter le travail des commodités que le climat produit, à toute la perfection dont il est susceptible. Le fer & l'acier, en des mains aussi laborieuses, deviennent égaux à l'or & aux rubis des Indes.

Lorsque les affaires de la Société sont dans cette situation, une Nation peut perdre beaucoup de son Commerce étranger, & cependant continuer à être grande & puissante. Si les Etrangers refusent de prendre une sorte de commodité que nous avions coûtume de leur fournir, il faut cesser de la travailler; les mêmes mains se tourneront à perfectionner quelques autres commodités, & il faut qu'il se trouve toûjours des matériaux pour les occuper, jusqu'à ce que chaque Citoyen riche posséde une aussi grande quantité de commodités domestiques & portées à un aussi haut point de perfection qu'il le peut désirer, ce qui probablement ne peut jamais arriver. La Chine est représentée comme un des plus florissans Empires du monde, quoiqu'elle ait peu de Commerce, au-delà de ses Etats †.

J'espere qu'on ne regardera pas comme une Digression superflue, si j'observe ici que comme la multi-

---

† *M. Melon a judicieusement remarqué les contradictions où sont tombés les Auteurs des descriptions de la Chine. D'un côté ils assûrent que c'est une des plus fertiles & des plus abondantes portions de l'Univers, & qu'il n'y a pas un pouce de terre qui ne soit cultivé; de l'autre l'exposition & le meurtre des enfans qui y sont permis, sont fondés sur la misere des Peuples, qui ne peut venir que de ce que les terres ne sont pas cultivées, & de ce qu'il y a des fainéans. L'impossibilité de concilier des faits aussi opposés doit mettre le Lecteur en garde contre de pareilles Rélations.*

tude des Arts méchaniques eſt avantageuſe, le grand nombre de perſonnes qui partagent le bénéfice que produiſent ces Arts ne l'eſt pas moins. Une trop grande diſproportion parmi les Citoyens affoiblit l'Etat. Tout homme, s'il eſt poſſible, doit joüir des fruits de ſon travail, dans une pleine poſſeſſion de toutes les néceſſités & de pluſieurs des commodités de la vie. Perſonne ne peut douter qu'une pareille égalité ne ſoit très-ſortable à la nature humaine, & qu'elle ne diminue moins du bonheur du riche, qu'elle n'ajoûte à celui du pauvre. Elle augmente auſſi la puiſſance de l'Etat, & fait que l'on paye avec beaucoup moins de répugnance, toute taxe ou impoſition extraordinaire. S'il arrive que les richeſſes ſoient poſſédées par un petit nombre d'hommes, il faut que ceux-ci contribuent conſidérablement aux néceſſités publiques, mais lorſque les richeſſes ſont partagées parmi la multitude, le fardeau devient léger pour chacun & les impoſitions ne font pas une différence ſenſible dans la maniere de vivre de qui que ce ſoit.

Ajoûtons à ceci qu'où les richeſſes ſont dans peu de mains, ceux qui les poſſédent, ont auſſi le pouvoir, & qu'ils s'entendent pour faire porter aux pauvres tout le fardeau, & les opprimer encore davantage, ce qui décourage toute induſtrie.

C'eſt dans cette circonſtance que conſiſte le grand avantage de l'Angleterre, ſur quelque Nation qui ſoit à préſent au monde, ou dont il ſoit parlé dans l'Hiſtoire. Il eſt vrai que les Anglois éprouvent quelques déſavantages dans le Commerce étranger par le haut prix du travail, ce qui eſt en partie l'effet de la richeſſe de leurs Artiſans, & en partie celui de l'abondance d'argent. Mais comme le Commerce étranger n'eſt pas le principal objet, il ne doit pas entrer en comparaiſon avec le bonheur de tant de millions d'hommes †; & quand il

---

† » La culture des terres, & le bien être » de ceux qui y ſont employés, doivent » être le premier objet de la Légiſlation. » Il n'eſt pas juſte que celui qui ſéme ne » recueille que pour les autres, & que celui qui travaille ne joüiſſe pas des fruits » de ſon labeur. «

» Le Payſan Anglois eſt riche, & jouit » avec abondance de toutes les commodités de la vie : s'il laboure pour le Commerçant, il participe comme les autres » hommes de ſa Nation aux avantages du » Commerce. En plus d'un endroit le Valet » d'un Fermier prend ſon Thé avant que » d'aller à la charrue. «

n'y auroit pas d'autre raiſon pour les attacher au Gouvernement libre ſous lequel ils vivent, celle-ci ſeule ſeroit ſuffiſante. La pauvreté du Peuple eſt une ſuite naturelle, ſinon infaillible, de la Monarchie abſolue; quoique de l'autre côté, je doute qu'il ſoit toûjours vrai que les richeſſes ſoient une ſuite infaillible de la liberté. Il faut pour cela peut-être des accidens particuliers, & qu'une certaine façon de penſer

---

» On ne peut que louer la ſageſſe du » Gouvernement Anglois, qui veille ſi utilement au bonheur de cette claſſe d'hommes, que l'on devroit regarder comme la » premiere, puiſque c'eſt celle qui fait vivre toutes les autres. Un Etat où le Payſan eſt à ſon aiſe, ne peut qu'être un Etat » riche. «

Lettres de M. l'Abbé LE BLANC, Tome II Lettre XXXVIII. *ſur l'aiſance où vivent le Payſans d'Angleterre.*

ſe rencontre avec la liberté. Mylord Bacon rendant compte des grands avantages remportés par les Anglois dans leurs guerres avec la France, les attribue principalement à la ſupériorité d'aiſance & d'abondance dont jouiſſoit le Peuple en Angleterre. Cependant les Gouvernemens des deux Royaumes en ce tems-là étoient à peu près les mêmes. Lorſque les Laboureurs & les Artiſans ſont accoûtumés à travailler pour des gages très-modiques, & à ne retenir qu'une petite part du fruit de leur labeur ; il eſt difficile pour eux, même dans un Gouvernement libre, de rendre leur condition meilleure, ou de conſpirer entre eux pour faire hauſſer leurs gages. Mais même lorſqu'ils ſont accoûtumés à une vie plus aiſée, il eſt facile aux riches dans un Gouvernement deſpotique de conſpirer contre eux & de rejetter ſur eux tout le fardeau des taxes.

Qui diroit que la pauvreté du Peuple en France, en Italie & en Eſpagne eſt dûe en partie à la ſupériorité de richeſſe du ſol & à l'excellence du climat, auroit l'air d'avancer une propoſition fort étrange ; & cependant il ſeroit aiſé de trouver beaucoup de raiſons pour juſtifier ce paradoxe.

Dans un pays auſſi riche que ceux de ces régions plus méridionales, l'Agriculture eſt un Art facile & un homme avec deux mauvais chevaux, eſt en état dans une ſaiſon, de cultiver aſſez de terre pour payer une rente même conſidérable au Propriétaire. Tout l'Art que le Fermier connoît eſt de laiſſer la terre repoſer un an, auſſi-tôt qu'elle eſt épuiſée : la chaleur du Soleil ſeul, & la température du climat, l'enrichissent & lui rendent sa fécondité. De si pauvres Laboureurs n'esperent de leur travail que leur simple subsistance ; ils n'ont ni fonds, ni richesses, dont ils puissent attendre davantage, & en même tems ils sont pour jamais dans la dépendance de leur Seigneur, qui ne fait point avec eux de bail pour la terre, & qui ne craint pas qu'elle dépérisse par leur mauvaise maniere de la cultiver. En Angleterre la terre est riche, mais d'une culture difficile & très-coûteuse ; elle ne produit que de petites récoltes lorsqu'elle n'est pas travaillée avec soin, & par une méthode qui ne rapporte le profit entier, que dans le cours de plusieurs années. Ainsi un Fermier en Angleterre doit avoir un fonds considérable & un long bail, qui lui rendent des profits proportionnés. Les belles vignes de Champagne &

de Bourgogne, qui rapportent souvent au Propriétaire au-delà de cinq livres sterling par acre, sont souvent cultivées par des Paysans qui à peine ont du pain. La raison en est que ces Vignerons n'ont besoin, pour cultiver la terre, que de leurs membres & de quelques outils qu'ils peuvent avoir pour vingt schelings. Les Fermiers sont communément un peu plus à leur aise dans ces pays-là : mais ceux qui engraissent le bétail sont de tous les hommes qui vivent de la culture de la terre, ceux qui sont le plus à leur aise. La raison en est toûjours la même, les profits doivent être proportionnés à la dépense & aux hasards que l'on court. Par-tout où un nombre aussi considérable de ceux qui cultivent la terre, comme les Laboureurs & les Fermiers, sont si mal à leur aise, il faut que le reste partage leur pauvreté, ſoit que le Gouvernement de la Nation ſoit Monarchique ou Républicain.

Nous pouvons faire une remarque ſemblable à l'égard de l'Hiſtoire générale du Genre humain. Quelle eſt la raiſon pourquoi les Peuples qui habitent entre les Tropiques, n'ont encore pû parvenir à aucun Art, ni ſe civiliſer, pas même atteindre à aucune police dans leur Gouvernement & à aucune diſcipline militaire, tandis que peu des Nations dans les climats tempérés ont été entierement privées de ces avantages. Il eſt probable qu'une cauſe de ce phénomene eſt la chaleur toûjours égale du climat ſous la Zone Torride, qui fait que les Habitans ont moins de beſoin de vêtemens & de maiſons, & qui par-là éloigne cette néceſſité, qui eſt le grand éperon de l'induſtrie &

de l'invention : *Curis acuens mortalia corda.* Outre que moins les Peuples ont de biens & de possessions de cette espéce, moins il doit arriver de querelles parmi eux, & par conséquent moins ils ont besoin d'une police établie, où d'une autorité réguliere, pour les protéger & les défendre, soit des Ennemis étrangers, soit les uns des autres.

DISCOURS II.

Du Luxe.

LE Luxe est un mot dont la signification est très-incertaine, & qui peut être pris dans un bon, aussi-bien que dans un mauvais sens. En général il signifie une grande recherche dans ce qui peut flatter les sens, & cette recherche peut être portée à un point innocent ou blâmable, suivant l'âge, le pays, ou la condition de la personne †.

† Le savant Auteur des *Elémens du Commerce*, qui a fait un usage si judicieux des meilleurs Ouvrages Anglois, sur cette matiere, a cité ce Discours de M. HUME sur le Luxe, dans son Chapitre XI. qui porte le même titre. Selon lui le Luxe doit être défini dans la plus grande précision dont il

En ceci, comme dans les autres ſujets de Morale, on ne peut fixer exactement les limites entre le vice & la vertu. Il ne peut jamais entrer dans une tête qui n'eſt pas dérangée par les accès d'un enthouſiaſme fanatique, d'imaginer que ce ſoit un vice que d'accorder quelque choſe à ſes ſens, ou de ſe permettre quelque délicateſſe dans les mets, ou dans la boiſſon. A la vérité, j'ai entendu parler d'un Moine, qui à cauſe que les fenêtres de ſa cellule s'ouvroient ſur un très-bel aſpect, fit un pacte avec ſes yeux de ne les jamais tourner de ce côté-là, & de ſe refuſer un plaiſir ſi ſenſuel.

Tel eſt le crime de boire du vin

ſoit ſuſceptible, *l'uſage que font les hommes de la faculté d'exiſter agréablement par le travail d'autrui.*

de Champagne ou de Bourgogne, préférablement à la petite biere ou à la biere commune. Ces délicatesses ne sont des vices que lorsqu'on s'y livre aux dépens de quelque vertu, comme la libéralité ou la charité : c'est ainsi qu'elles deviennent des folies, lorsqu'elles sont cause qu'un homme ruine sa fortune, & se réduit au besoin & à la mendicité. Lorsqu'elles ne prennent sur aucune vertu, & qu'elles n'empêchent pas qu'un homme ne soit en état de pourvoir aux besoins de ses amis & de sa famille, ou de tout autre objet de générosité ou de compassion, elles sont entiérement innocentes, & ont été reconnues pour telles dans tous les âges, par presque tous les Moralistes.

Par exemple, c'est un défaut qui annonce la foiblesse de l'esprit ; c'est une marque de stupidité grofſiere que de s'occuper uniquement du luxe de la table, ſans être ſenſible aux plaiſirs de l'ambition, de l'étude, ou de la converſation ; c'eſt la preuve d'un cœur totalement dépourvû d'humanité, que d'aſſouvir auſſi brutalement ſes ſens, ſans aucun égard pour ſes amis ou ſa famille. Mais ſi un homme ſe réſerve aſſez de tems pour penſer à tout ce qui eſt loüable, & un argent ſuffiſant pour les objets naturels de ſa générosité, il eſt à l'abri de toute ombre de blâme ou de reproche.

Puiſque le Luxe peut être conſidéré ou comme innocent, ou comme blâmable, on doit être étonné de ces opinions déraiſonnables, qui ont été ſoûtenues pour ou contre. Tandis que des hommes de principes diſſolus louent juſqu'au Luxe vicieux, & le repréſentent comme très-avantageux à la Société, d'un autre côté, ceux d'une Morale sévere blâment même le Luxe le plus innocent, & le représentent comme la source de toutes les corruptions, & de tous les désordres qui arrivent dans le Gouvernement civil †. Nous tâcherons ici de corriger ces deux extrèmes, en prou-

---

† » Nous voilà conduits à l'examen du » Luxe & de ses Ouvriers : l'objet de tant » de vagues déclamations, qui partent » moins d'une saine connoissance, ou d'une » sage sévérité de mœurs, que d'un esprit » chagrin & envieux. «

» Si les hommes, &c. «

M. MELON, *Chapitre du Luxe*. Voici comme il le définit quelques lignes après. » Le Luxe est une somptuosité extraordinaire que donnent les richesses & la sécurité d'un Gouvernement ; c'est une suite » nécessaire de toute Société bien policée. «

vant premierement que les siécles de politesse & de luxe sont en même tems les plus heureux & les plus vertueux ; secondement, que par-tout où le luxe cesse d'être innocent, il cesse aussi d'être avantageux ; & que lorsqu'il est poussé trop loin, c'est une qualité pernicieuse, quoiqu'elle ne soit peut-être pas celle qui l'est le plus à la Société politique.

Pour prouver le premier point, nous n'avons qu'à considérer les effets du luxe sur la vie privée & publique. La félicité humaine, selon les notions les plus reçues, paroît consister en trois choses ; l'action, le plaisir, & le repos : ce sont, pour ainsi dire, trois ingrédiens qui doivent être mêlés en différentes proportions, suivant les dispositions particulieres des personnes ; mais si l'un des trois manque totalement à ce mêlange, il ne peut plus être goûté, ni par conséquent produire son effet. Le repos, à la vérité, ne paroît pas par lui-même contribuer beaucoup à notre jouissance; mais ainsi que le sommeil il y est nécessaire †. C'est un relâ-

---

† *Un des premiers Philosophes de ce siécle, & celui de tous qui, ayant le mieux étudié la Nature, nous en a donné la connoissance la plus parfaite, M.* DE BUFFON, *fait envisager le Sommeil sous une face toute nouvelle, & qui n'en est pas moins vraie. Je cite ses propres paroles, parce que d'ordinaire en ce qu'il écrit, il n'y a rien à ajoûter, ni à retrancher.* » Dans l'animal l'état de Som» meil n'est donc pas un état accidentel, » occasionné par le plus ou le moins grand » exercice de ses fonctions pendant la veil» le; cet état est au contraire une maniere » d'être essentielle & qui sert de base à l'éco» nomie animale. C'est par le sommeil que » commence notre existence; le fœtus dort

chement qu'exige la foibleſſe de la nature humaine qui ne peut ſupporter un cours non interrompu d'affaires ou de plaiſirs : cette marche prompte des eſprits qui enleve un homme à lui-même, & qui cauſe

---

» preſque continuellement & l'enfant dort » beaucoup plus qu'il ne veille. «

» Le Sommeil qui paroît être un état pu- » rement paſſif, une eſpece de mort, eſt » donc au contraire le premier état de l'ani- » mal vivant, & le fondement de la vie ; » ce n'eſt point une privation, un anéan- » tiſſement, c'eſt une maniere d'être, une » façon d'exiſter tout auſſi réelle & plus gé- » nérale qu'aucune autre : nous exiſtons de » cette façon avant que d'exiſter autrement ; » tous les Etres organiſés qui n'ont point » de ſens n'exiſtent que de cette façon, au- » cun n'exiſte dans un état de mouvement » continuel, & l'exiſtence de tous participe » plus ou moins à cet état de repos. «

Diſcours ſur la Nature des Animaux, Hiſtoire Naturelle, Tome IV.

ſa ſatisfaction, les fatigue & les épuiſe ; elle demande quelque intervalle de repos, qui bien qu'agréable pour un moment, engendre, s'il eſt trop prolongé, la langueur & la léthargie qui détruiſent toute jouiſſance.

L'Education, la Coûtume & l'Exemple ont une puiſſante influence pour déterminer la façon de penſer de l'eſprit, & il faut avouer que tout ce qui porte à l'action & au plaiſir favoriſe d'autant plus la félicité humaine. Dans les tems où l'Induſtrie & les Arts fleuriſſent, les hommes ſont entretenus dans une occupation continuelle, & joüiſſent, comme de leur récompenſe, de cette occupation même, auſſi-bien que de ces plaiſirs qui ſont le fruit de leur travail. L'Eſprit acquiert une nouvelle vigueur, étend ſes puiſſances & ſes facultés, & par l'exercice assidu d'une industrie utile, satisfait ses appétits naturels & prévient la naissance de ces appétits extravagans, qui communément prennent racine chez ceux qui sont nourris dans l'aisance & dans la paresse. Bannissez ces Arts de la Société, vous priverez les hommes de l'action † & du plaisir, & ne leur laissant que le repos pour les

† » Les Hommes affranchis des besoins » ne travaillent que pour satisfaire les diffé- » rentes cupidités de leur amour-propre. » Bornez-les au nécessaire, vous découragez » l'industrie, vous faites tomber les Arts, » vous changez les mœurs ; en un mot, » vous réduisez presque les hommes à la » condition des Sauvages. Alors ce n'est pas » la peine de s'unir en Société, & de bâtir » des Villes, nous n'avons qu'à aller vivre » dans les Forêts. «

Lettres d'un François, Tome II. Lettre LX. sur le Luxe.

remplacer, vous détruisez même le goût du repos, qui n'est jamais agréable que quand il succede au travail, & qu'il rétablit les esprits épuisés par trop d'application & de fatigue.

Un autre avantage de l'industrie & du rafinement dans les Arts méchaniques, est que communément les Arts libéraux s'en ressentent eux-mêmes : les uns ne peuvent être portés à la perfection, sans que les autres ne fassent aussi quelques progrès sensibles. Le même siecle qui produit de grands Philosophes & de grands Politiques, des Généraux & des Poëtes fameux, abonde aussi d'ordinaire en Ouvriers habiles & en bons Constructeurs de vaisseaux. On ne doit pas s'attendre que dans une Nation où l'Astronomie est ignorée & la Morale négligée, il se trouve des Ouvriers capables de fabriquer une piéce de drap dans le degré de perfection dont elle est susceptible. L'Esprit du siécle se communique à tous les Arts. Le génie des hommes n'est pas plutôt tiré de cette fatale léthargie qui l'engourdit, qu'il fermente, pour ainsi dire, s'agite, se tourne de tous côtés, & perfectionne tous les Arts & toutes les Sciences. L'ignorance profonde est entiérement bannie, & les hommes joüissent du privilége de créatures raisonnables, de penser aussi-bien que d'agir, de cultiver les plaisirs de l'esprit aussi-bien que ceux du corps.

Plus ces Arts polis approchent de leur perfection, plus les hommes deviennent sociables, & il n'est pas possible que lorsqu'ils sont enrichis par les Sciences & qu'ils ont acquis un fonds de conversation, ils se contentent de demeurer dans la solitude, ou de vivre avec les Habitans du même lieu, comme font les Nations ignorantes & barbares. Ils se rassemblent dans les Villes; ils aiment à recevoir ou à communiquer les connoissances, à montrer leur esprit, ou leur politesse, leur goût dans la conversation ou dans la maniere de vivre, dans les habillemens ou dans les équipages †.

---

† » Les Hommes, par une émulation » naturelle, dépensent plus à proportion » qu'ils habitent des endroits plus peuplés. » Seuls, ils se négligent, ils s'abandonnent » à une vie plus souvent grossiere que sim- » ple, parce qu'ils n'ont devant les yeux » aucun objet qui aiguillonne leur amour- » propre. «

» Il faut trop de vertu, pour renoncer » aux avantages que les richesses donnent » sur les autres. On ne les posséde point in- » différemment. Les uns les accumulent par

Le ſage eſt attiré par la curioſité, le fou par la vanité, tous les deux le ſont par le plaiſir. Il ſe forme de toutes parts des Sociétés particulieres : le Commerce aiſé des deux ſexes adoucit & polit les mœurs ; de maniere qu'outre les avantages que les hommes retirent des Sciences & des Arts libéraux, il eſt impoſſible qu'ils n'éprouvent une augmentation d'humanité, de l'habitude même de converſer enſemble, & de contribuer aux amuſemens & aux plaiſirs les uns des autres. Ainſi l'induſtrie, la connoiſſance & l'humanité, ſont liées en-

---

» une folle cupidité ; les autres les prodi-
» guent par une vanité ridicule. A voir les
» Hommes toûjours donner dans les excès,
» ils ſemblent qu'ils n'aient que le choix
» des vices. «

Lettres d'un François, ibid.

ſemble par une chaîne indiſſoluble ; & c'eſt principalement dans les ſiécles de Luxe & de Politeſſe qu'on les trouve, comme l'expérience, auſſi-bien que la raiſon, le démontrent.

Au reſte ces avantages ne ſont pas accompagnés de déſavantages qui leur ſoient proportionnés en aucune ſorte. Plus les hommes rafinent ſur le plaiſir, moins ils ſe livrent aux excès de quelque eſpéce qu'ils ſoient, parce que rien ne détruit plus le véritable plaiſir que de pareils excès. On peut bien aſſûrer que les Tartares tomberont plus ſouvent dans une gloutonnerie animale, lorſqu'ils ſe régalent de la chair de leurs chevaux morts, que les Courtiſans d'Europe, au milieu de tous les rafinemens de la Cuiſine moderne : Et ſi l'amour libertin, ou même l'infidélité dans le mariage, ſont plus fréquens dans les ſiécles polis, où l'un & l'autre ne paſſent que pour galanterie; l'yvrognerie, d'un autre côté, eſt beaucoup moins commune, vice plus odieux & plus pernicieux & à l'eſprit & au corps †. Et ſur cette matiere, j'en appellerois non-ſeulement à un Ovide, ou à un Pétrone; mais à un Séneque, ou à un Caton. Nous ſavons que Céſar, durant la conſpiration de Catilina, étant obligé de remettre un billet qui découvroit une intrigue avec

---

† » C'eſt peut-être le Luxe qui a banni » des Villes & de l'Armée l'yvrognerie, » autrefois ſi commune, & bien plus nuiſi- » ble pour le corps & pour l'eſprit. En » effet elle ſemble s'être retirée dans les » Campagnes, où le Luxe n'eſt pas encore » arrivé. «

M. MELON, *Chapitre du Luxe.*

Servilie ſoeur de Caton, à Caton même : ce ſévere Philoſophe le lui rejetta avec indignation, & dans l'amertume de ſa colere lui donna le nom d'yvrogne, comme un terme plus outrageant que celui qu'il auroit pû lui appliquer avec plus de juſtice.

L'induſtrie, la connoiſſance & l'humanité ne ſont pas ſeulement avantageuſes dans la vie privée ; elles répandent encore leur influence bienfaiſante ſur le Public : & autant par leur moyen les Particuliers deviennent riches & heureux, autant elles rendent le Gouvernement grand & floriſſant. L'augmentation & la conſommation des denrées, & de tout ce qui ſert à l'ornement & au plaiſir de la vie, ſont extrèmement utiles à la Société, parce qu'en même tems qu'elles multiplient ces agrémens innocens

pour

pour les Particuliers, elles ſont une eſpéce de magaſin de travail, qui dans les beſoins de l'Etat, peut être employé au ſervice public. Dans une Nation où perſonne ne recherche ces ſuperfluités, les hommes tombent dans l'indolence, perdent tout goût pour la vie, & ſont inutiles au Public, qui ne peut ſoûtenir ſes Flottes & ſes Armées du produit de l'induſtrie de Membres auſſi pareſſeux.

Les limites de tous les Royaumes de l'Europe ſont à peu près les mêmes qu'elles étoient il y a deux cens ans : mais quelle différence ſe trouve à préſent dans la puiſſance & la grandeur de ces Royaumes, qu'on ne peut attribuer qu'à l'augmentation qui eſt arrivée dans les Arts & dans l'induſtrie ! Lorſque Charles VIII. Roi de France, envahit l'Italie, il conduiſit avec lui environ vingt mille hommes ; & cependant cet armement, comme nous l'apprenons de Guicciardin, épuisa tellement la Nation, que de quelques années elle ne fut en état de faire un aussi grand effort. Le dernier Roi de France, en tems de guerre, avoit à sa solde au-dessus de quatre cens mille hommes (*a*) ; quoique depuis la mort du Cardinal Mazarin jusqu'à la sienne, ce Prince ait été engagé dans une suite de guerres qui durerent près de quarante ans.

Cette industrie augmente beaucoup par les connoissances inséparables des siécles d'Arts & de Luxe, comme de l'autre côté les connoissances font que l'Etat tire un meil-

---

(*a*) L'Inscription de la Place Vendôme dit quatre cens quarante mille.

leur parti de l'induſtrie de ſes Sujets. Les Loix, l'Ordre, la Police, la Diſcipline ne peuvent être perfectionnées à quelque degré, avant que la raiſon humaine le ſoit elle-même par l'expérience & par une application aux Arts les plus communs, du moins à ceux du Commerce & des Manufactures. Peut-on s'attendre qu'un Gouvernement ſera bien réglé par un Peuple qui ne ſait pas faire un Rouet, ou ſe ſervir avantageuſement d'un Métier? Sans parler de la ſuperſtition qui infeſte tous les ſiécles d'ignorance, & qui détourne en même tems le Gouvernement de ſon objet, & les hommes de leur intérêt & de leur bonheur.

La connoiſſance dans le grand art du Gouvernement engendre naturellement la douceur & la modération, en inſtruiſant les hommes des avantages des maximes humaines, ſur la rigueur & la ſévérité qui entraînent les Sujets dans la révolte, & qui en leur ôtant tout eſpoir de pardon, rend impraticable le retour à la ſoûmiſſion. Lorſque les connoiſſances ſont perfectionnées, & que les mœurs ſont adoucies, cette humanité paroît encore bien davantage ; elle eſt le principal caractere qui diſtingue un ſiécle poli des tems de barbarie & d'ignorance. Les factions ſont alors moins turbulentes, les révolutions moins tragiques, l'autorité moins ſévere, & les ſéditions moins fréquentes. Les guerres étrangeres même deviennent moins cruelles : ſur le champ de bataille où l'honneur & l'intérêt endurciſſent les hommes contre la pitié, auſſi-bien que contre la peur, les Combattans après l'action ſe dépoüillent de leur férocité & redeviennent des hommes †.

On ne doit point craindre que ces hommes en perdant cette férocité perdent aussi l'esprit martial, ou deviennent moins courageux & moins ardens à la défense de leur Patrie ou de leur liberté. L'effet des Arts n'est pas d'énerver l'esprit & le corps ; ils reçoivent au contraire l'un & l'autre une nouvelle force de l'industrie qui est la compagne inséparable des Arts. Si la colere,

† *L'Auteur auroit pû en citer un exemple frappant de nos jours. Après la Bataille de Fontenoy, les Vaincus furent traités avec une humanité qui fit autant d'honneur aux Vainqueurs que la victoire même. D'un autre côté, ceux de nos François qui par les hasards de la guerre ont été prisonniers en Angleterre, y ont éprouvé cette même humanité de la part d'une Nation que la France se fait gloire d'avoir pour rivale en générosité.*

qui aiguiſe le courage, perd par la politeſſe quelque choſe de ſon âpreté, un ſentiment d'honneur, qui eſt un principe plus fort, plus conſtant, & plus aiſé à gouverner, acquiert une nouvelle vigueur par cette élévation de génie que donnent les connoiſſances & une bonne éducation. Ajoûtons à ceci que le courage ne peut ni durer, ni être de quelque uſage; lorſqu'il n'eſt pas accompagné de la diſcipline & du ſavoir militaire, qui ſe trouvent rarement parmi un Peuple barbare. Les Anciens ont remarqué que *Datames* (*a*) a été le ſeul Barbare qui ait jamais ſû l'art de la Guerre. *Pirrhus* voyant les Romains ranger

(*a*) Ceux qui ne connoiſſent pas ce Général d'armée, peuvent conſulter *Cornelius Nepos*, *Vies des Généraux d'armée*, *Chapitre CXIV*.

leur Armée en bataille avec quelque art & quelque habileté dit avec étonnement : *Ces Barbares n'ont rien de barbare dans leur discipline.*

On doit observer que comme les anciens Romains en s'appliquant uniquement à la guerre, ont été les seuls Peuples non policés, qui aient eû une discipline militaire, de même les Italiens modernes sont parmi les Européens le seul Peuple civilisé qui ait jamais manqué de courage & d'un esprit guerrier. Ceux qui voudroient attribuer cette mollesse des Italiens à leur luxe, à leur politesse, ou à leur goût pour les Arts, n'ont qu'à considérer les François & les Anglois, dont la bravoure est aussi incontestable, que leur amour pour le Luxe & leur application au Commerce. Les Historiens Italiens donnent une raison plus satisfaisante de cet abâtardissement de leurs Compatriotes. Ils nous montrent comment les Souverains d'Italie ont tous à la fois laissé reposer leur épée, tandis que l'Aristocratie Vénitienne étoit toûjours sur ses gardes contre ses Sujets; que la Démocratie Florentine s'appliquoit uniquement au Commerce, & que Rome étoit gouvernée par des Prêtres & Naples par des Femmes. La Guerre devint alors l'affaire des Soldats de fortune qui s'épargnoient l'un l'autre, & qui au grand étonnement du monde, pouvoient employer des jours entiers à ce qu'ils appelloient des batailles, & rentrer le soir dans leur Camp sans qu'il y eût eu la moindre effusion de sang.

Ce qui a le plus induit plusieurs Moralistes à déclamer contre le Luxe & la délicatesse dans les plaisirs, est l'exemple de l'ancienne Rome

Rome qui, joignant à sa pauvreté & à sa rusticité, la vertu & l'amour de la Patrie, s'est élevée à un point si étonnant de grandeur & de liberté, & qui depuis, ayant pris des Provinces qu'elle avoit conquises le Luxe de la Grece & de l'Asie, est tombée dans toute sorte de corruption; d'où sont nées les séditions & les guerres civiles, suivies à la fin de la perte totale de sa liberté. Tous les Auteurs Classiques qu'on nous donne à lire dans notre enfance sont pleins de ces sentimens, & attribuent universellement la ruine de leur état aux Arts & aux richesses que les Romains tirerent de l'Orient, tellement que Salluste représente le goût pour la peinture, comme un vice comparable à la dissolution & à l'yvrognerie. Ces sentimens étoient si communs durant les derniers tems de la

République, que cet Auteur loue à chaque page l'ancienne & rigide vertu Romaine, quoiqu'il fût lui-même l'exemple le plus frappant du Luxe & de la corruption moderne; parle avec mépris de l'éloquence Gréque, quoique lui-même, l'Ecrivain du monde le plus élégant; se permet même à ce sujet, des digressions & des déclamations déplacées, quoiqu'un modele de goût & de correction.

Mais il seroit aisé de prouver que ces Ecrivains se sont trompés sur la cause des désordres de la République Romaine, en attribuant au Luxe & aux Arts, ce qui venoit d'un Gouvernement mal réglé & de l'étendue illimitée de leurs conquêtes. Le Luxe, ou le rafinement sur le plaisir n'engendrent pas nécessairement la vénalité & la corruption. Le prix que tous les hommes mettent à une ſorte de plaiſir dépend de la comparaiſon & de l'expérience †. Un Porteur de chaiſe n'eſt pas moins avide d'argent, qu'il dépenſe à acheter du lard & de l'eau-de-vie, qu'un Courtiſan qui a ſur ſa table du vin de Champagne & des Ortolans. Les Richeſſes ſont eſtimables dans tous les tems & pour tous les hommes,

---

† » Celui qui ſe trouve dans l'abondan- » ce veut en jouir ; il a là-deſſus des re- » cherches que le moins riche n'eſt pas en » état de payer, & cette recherche eſt tou- » jours rélative aux tems & aux perſonnes. » Ce qui étoit Luxe pour nos Peres eſt à » préſent commun ; & ce qui l'eſt pour » nous ne le ſera pas pour nos Neveux. » Des bas de ſoie étoient Luxe du tems de » Henri II. & la fayance l'eſt autant, com- » parée à la terre commune, que la porce- » laine comparée à la fayance. «

M. MELON, *Chapitre du Luxe.*

parce que c'eſt par elles qu'ils obtiennent les plaiſirs qu'ils déſirent & auxquelles ils ſont accoûtumés. Rien ne peut reſtraindre ou régler l'amour de l'argent qu'un ſentiment d'honneur & de vertu, qui, s'il n'eſt pas égal dans tous les tems, ſera naturellement plus commun dans les ſiécles de luxe & de lumiere.

De tous les Royaumes de l'Europe, la Pologne paroît celui qui eſt le plus défectueux dans les Arts de la guerre, auſſi-bien que dans ceux de la paix, dans les Arts méchaniques, comme dans les Arts libéraux; c'eſt cependant le pays où la vénalité & la corruption prévalent le plus. Les Nobles ſemblent n'avoir conſervé leur Couronne élective que pour la vendre réguliérement à celui qui la met à un plus haut prix; c'eſt preſque la ſeule eſpece de Commerce que ce Peuple connoiſſe.

Les Libertés de l'Angleterre, bien loin de décheoir depuis l'origine du Luxe & des Arts, n'ont jamais fleuri davantage que dans ces tems où la Nation a joüi de ces fruits agréables de ſon Commerce; & quoique la corruption paroiſſe augmenter depuis quelques années, on doit l'attribuer principalement à la liberté établie parmi nous, qui fait que nos Princes ont trouvé également impoſſible de nous gouverner ſans Parlemens, ou d'épouvanter les Parlemens par le fantôme de leur Prérogative. Je pourrois ajoûter que cette corruption ou vénalité prévaut beaucoup plus parmi ceux qui choiſiſſent, que parmi ceux qui ſont choiſis, & que par conſéquent on ne peut l'attribuer avec juſtice à aucun excès de luxe.

Si nous considérons la chose dans son vrai point de vûe, nous trouverons que le Luxe & les Arts sont plutôt favorables à la Liberté, & qu'ils tendent naturellement à soûtenir un Gouvernement libre, sinon à le produire. Dans les Nations grossieres & non civilisées, où les Arts sont négligés, tout le travail est borné à la culture de la terre & toute la Société se partage en deux classes, les Propriétaires de la terre & leurs Vassaux ou Fermiers. Les derniers sont nécessairement dépendans & dressés à la sujétion & à l'esclavage dans les pays, sur-tout où ils ne possédent aucunes richesses, & où ils ne se rendent pas recommandables par leurs connoissances dans l'Agriculture, comme il faut que cela arrive par-tout où les Arts sont négligés. Les premiers s'érigent naturellement en petits

Tyrans ; & il faut, ou qu'ils se soûmettent à un Maître absolu pour l'amour de la paix & de l'ordre, ou s'ils veulent conserver leur indépendance, de même que *les Barons Gothiques*, ils tombent nécessairement dans des inimitiés & dans des querelles entre eux, qui jettent toute la Société dans une telle confusion, qu'elle est peut-être pire que le Gouvernement le plus despotique. Mais où le Luxe nourrit le commerce & l'industrie, les Paysans par une culture convenable de la terre, deviennent riches & indépendans ; tandis que les Négocians & les Marchands acquierent une partie de propriété, & attirent de l'autorité & de la considération à cet ordre moyen des hommes, qui sont la meilleure & la plus ferme base de la liberté publique. Ceux-ci ne se soûmettent pas à l'esclavage, comme de malheureux Payſans, par la pauvreté & la foibleſſe de leur eſprit : N'ayant aucune eſpérance de tyranniſer les autres, comme les *Barons*, ils ne ſont pas tentés pour ſe procurer cette ſatisfaction, de ſe ſoûmettre à la tyrannie de leur Souverain. Ils ne demandent que des Loix équitables qui leur aſſûrent leurs poſſeſſions, & qui les garantiſſent de la tyrannie Monarchique, auſſi-bien que de l'Ariſtocratique.

La Chambre des Communes eſt le ſoûtien de notre Gouvernement populaire, & tout le monde ſait qu'elle doit ſa principale influence & ſa conſidération à l'augmentation du commerce, qui a fait paſſer dans les mains des Communes une ſi grande partie des richeſſes de la Nation. Combien n'eſt-il donc pas inconſéquent de déclamer avec tant de violence contre le Luxe & le goût des Arts, & de les repréſenter comme le poiſon de la liberté & de l'amour du bien public ?

Rien n'eſt plus ordinaire que de blâmer les tems préſens & d'élever la vertu de nos Ancêtres : c'eſt un penchant preſque inhérent à la nature humaine ; & comme les opinions & les ſentimens des ſiécles polis ſont les ſeuls qui paſſent à la poſtérité, il arrive de-là que nous trouvons tant de jugemens ſéveres contre le Luxe & même contre les Sciences, & qu'aujourd'hui encore nous y applaudiſſons ſi inconſidérément †. Mais il eſt aiſé d'en apper-

† *Ce Diſcours & le Chapitre de M.* MELON *ſur le Luxe, ſuffiſent pour faire ſentir tout le ridicule de ces vaines déclamations contre les Sciences, dont les avantages ſont tellement reconnus en France, par rapport au*

cevoir la fausseté par la comparai-

---

bonheur de la Société, en ce qui intéresse les Mœurs, comme en ce qui regarde la Politique, que l'amour du Paradoxe, & l'esprit de singularité peuvent seuls avoir dicté ces Ecrits, qui ont paru depuis peu, où l'on a prétendu établir le système contraire, & qui se trouvent si bien refutés dans ce Discours. Il seroit une question bien simple à faire à ceux qui trouvent encore les Sciences si dangereuses : ce seroit de leur demander de qui l'on doit attendre le plus de vertu, du plus ignorant, ou du plus éclairé de tous les hommes. C'est ainsi qu'on affecte de paroître singulier, afin de passer pour Philosophe : on a d'autant plus de raison de se le promettre, qu'en effet le Vulgaire s'y trompe, & prend communément l'un pour l'autre ; la seule maniere de s'habiller suffit pour lui en imposer. Nos Philosophes prétendus ont recours à cette affectation pour l'avertir du respect qu'ils supposent leur être dûs ; c'est un usage qu'ils ont emprunté de ceux de nos voisins qui sont les moins Philosophes d'une Nation qui à juste titre a la réputation de l'être. Nous devons

ſon de différentes Nations qui ſont

---

beaucoup de bonnes choſes aux Anglois ; mais malheureuſement nous ne les prenons pas ſans quelque mêlange d'autres, que nous ferions auſſi-bien de leur laiſſer. Le tems n'eſt peut-être pas éloigné où tout homme qui voudra ſe vêtir comme un Quaker ſera ſûr de paſſer pour Philoſophe. Un de ceux de l'Antiquité qui a écrit pour tous les ſiécles & pour toutes les Nations, penſoit bien différemment : Negligere quid de ſe quiſque ſentiat, non solùm arrogantis eſt, ſed etiam omninò diſſoluti, *dit Cicéron. Lorſque les Lettres d'un François parurent pour la premiere fois il y a dix ans, on crut que l'Auteur s'étoit joué dans le portrait qu'il fait à la Lettre IV. des Petits-Maîtres Anglois : on ne s'attendoit pas que ceux de Paris duſſent ſi-tôt les imiter. De combien cependant ceux-ci ne pouſſent-ils pas plus loin le ridicule & l'indécence, dans ces habits qu'ils prennent le matin pour promener l'ennui qui les force de courir les rues, où ils ne font qu'exciter le mépris du Peuple, dont ils attiroient l'envie, & apprendre à tout le Public qu'ils ſont également embarraſſés de leur*

Contemporaines : nous jugerons alors avec plus d'impartialité, & nous mettrons mieux en opposition ces moeurs qui nous sont suffisamment connues. La trahison & la cruauté, les plus pernicieux & les plus odieux de tous les vices, ne regnent jamais tant que dans les siécles grossiers. Les Grecs & les Romains civilisés les attribuoient à toutes les Nations barbares dont ils étoient environnés. Ils auroient donc pû présumer avec justice que leurs propres Ancêtres, si vantés, n'avoient pas de plus grandes vertus & étoient autant inférieurs à leur postérité en honneur & en humanité, que dans le goût & dans les Sciences. On peut vanter tant

---

loisir, de leurs richesses & du vuide de leur esprit ?

qu'on voudra un ancien Franc ou Saxon, je crois qu'il n'y a personne qui ne crût sa vie ou sa fortune moins sûres dans les mains d'un Maure ou d'un Tartare, que dans celles d'un Gentilhomme François ou Anglois, le rang des hommes les plus polis, dans les Nations les mieux civilisées †.

---

† » Voici à quel prix le Luxe étoit banni de la Nation dans la premiere Race. » C'est M. l'Abbé de Vertot qui parle : » *Une vie libre, mais sauvage, des mœurs » féroces, le peu de Commerce avec les Nations policées, l'ignorance des commodités, » tout contribuoit à éloigner le Luxe de leurs » cabanes ; & nous ne pouvons nous faire » une idée plus nette & plus juste de ces premiers tems, qu'en les comparant au genre » de vie que menent aujourd'hui les Hurons » & les Iroquois.* Cela n'empêche pas l'Auteur de déclamer dans cette même Dissertation contre le Luxe. «

M. MELON, *Chapitre du Luxe.*

Nous venons à présent à la seconde proposition que nous avons entrepris de prouver, c'est-à-dire, que comme le Luxe innocent & le rafinement dans le plaisir sont avantageux à la Société, de même partout où le Luxe cesse d'être innocent, il cesse aussi d'être utile, & que lorsqu'il est porté à un degré plus haut, il commence à être une qualité pernicieuse, quoique ce ne soit pas peut-être la plus pernicieuse à la Société politique.

Examinons ce que nous appellons un Luxe vicieux. La dépense que l'on fait pour contenter ses appétits n'est pas en elle-même un vice : elle le devient, lorsqu'elle absorbe tout le revenu d'un homme, & qu'elle le met hors d'état de remplir ses devoirs & de faire les actes de générosité que requierent sa situation & sa fortune. Supposons qu'il corrige ce vice, & qu'il emploie une partie de sa dépense à l'éducation de ses enfans, à obliger ses amis & à secourir les pauvres, en résulteroit-il de moindre dommage pour la Société ? Au contraire il y auroit la même consommation, & ce travail qui à présent est employé seulement à procurer une légere satisfaction à un homme, soulageroit celui qui souffre, & seroit profitable à cent autres. Le soin & le travail nécessaires pour fournir à Noël un plat de petits pois, donneroient du pain à toute une famille pendant six mois †. De dire que sans

† » L'exemple du Luxe au plus haut » point, & même au ridicule, est dans la » cherté excessive de quelques denrées fri» voles que l'homme somptueux étale avec » profusion dans un repas dont il veut faire » consister le mérite dans la cherté. Pour-

ce Luxe vicieux, ce travail ne ſeroit point du tout employé, c'eſt dire ſeulement qu'il y a quelqu'autre défaut dans la Nature humaine, comme la pareſſe, l'amour-propre, l'inſenſibilité pour les autres, auquel le Luxe en quelque maniere fournit un remède : mais la vertu, comme un aliment ſain, vaut mieux que les poiſons, quoique corrigés.

Je ſuppoſe le même nombre d'hommes, qui ſont à préſent en

» quoi ſe récrier ſur cette fole dépenſe ? » Cet argent gardé dans ſon coffre ſeroit » mort pour la Société. Le Jardinier le re- » çoit, il l'a mérité par ſon travail excité » de nouveau : ſes enfans preſque nuds en » ſont habillés ; ils mangent du pain abon- » damment, ſe portent mieux & travaillent » avec une eſpérance gaie. Il ne ſerviroit » aux Mandians qu'à entretenir leur oiſiveté » & leur ſale débauche. «

M. MELON, *Chapitre du Luxe.*

Angleterre,

Angleterre, avec le même ſol & le même climat : je demande s'il n'eſt pas poſſible pour eux d'être plus heureux par la maniere de vie la plus parfaite que l'on puiſſe imaginer, & par la plus grande réforme que la toute-puiſſance même puiſſe opérer dans leurs tempéramens & dans leurs diſpoſitions. Il ſeroit ridicule d'aſſûrer que cela ne ſe peut pas : comme la terre eſt en état de nourrir plus que tous ſes Habitans, dans un Etat ainſi modellé ſur celui d'Utopie, ils ne pourroient ſouffrir d'autres maux que ceux qui naiſſent des maladies du corps, & ceux-ci ne ſont pas la moitié des miſeres humaines. Tous les autres maux nous viennent de quelque vice, ou dans nous-mêmes, ou dans les autres, & même pluſieurs de nos maladies procédent de la même origine. Banniſſez les vices, & les maux les ſuivront : vous devez ſeulement prendre garde de les extirper tous. Si vous n'en retranchez qu'une partie, vous pouvez rendre notre condition pire. En banniſſant le Luxe vicieux, ſans la pareſſe & l'indifférence pour ſon ſemblable, vous ne faites que diminuer l'induſtrie dans l'Etat, & vous n'ajoûtez rien à la charité ou à la généroſité des hommes. Contentons-nous donc d'aſſûrer que deux vices opposés dans un Etat, peuvent être plus avantageux qu'aucun des deux qui y domineroit ſeul, mais ne craignons pas de prononcer que le vice en lui-même n'eſt jamais avantageux. N'eſt-ce pas une grande inconſéquence dans un Auteur, que d'avancer dans une page que les diſtinctions morales ont été inventées par les Politiques pour l'intérêt public, & de ſoûtenir à la page ſuivante que le vice eſt avantageux au Public (*a*)? En quelque ſyſtème de Morale que ce ſoit, il paroit que ce n'eſt guère moins qu'une contradiction dans les termes de parler d'un vice qui eſt en général avantageux à la Société.

J'ai cru ce raiſonnement néceſſaire pour donner quelque lumiere à une queſtion Philoſophique, qui a été fort agitée en Angleterre. Je l'appelle une queſtion Philoſophique & non Politique, car quelle que fût la conſéquence d'une tranſformation miraculeuſe du Genre humain, par laquelle les hommes ſeroient doués de toute ſorte de vertus, & affranchis de toute eſpece de vice; une pareille ſuppoſition ne regarde pas le Magiſtrat, qui ne

(*a*) La Fable des Abeilles.

viſe qu'à ce qui eſt poſſible. Il ne peut guérir chaque vice, qu'en ſubſtituant une vertu à ſa place. Souvent il ne peut remédier à un vice que par un autre; & en ce cas il doit préférer celui qui eſt le moins pernicieux à la Société †. Le Luxe, lorſqu'il eſt exceſſif, eſt la ſource de pluſieurs maux; mais en général il eſt préférable à la fai-

---

† On ne peut rien de plus ſage que ce que dit M. MELON à ce ſujet.

» Les étoffes d'or de Lyon, les vins de » Bourgogne & de Champagne, les volail- » les de Normandie & du Maine, les Per- » drix & les Truffes de Périgord, payent » les tributs de ces Provinces. Le Vulgaire » ignorant s'irrite de ces foles dépenſes; » l'Homme d'Etat les regarde comme un » effet déſirable d'une cauſe qui en devient » moins mauvaiſe. «

Eſſai ſur le Commerce, Chapitre de la Balance du Commerce.

néantiſe & à la pareſſe, qui probablement lui ſuccéderoient, & qui ſont plus dommageables & aux perſonnes particulieres & au Public. Lorſque la pareſſe regne, une vie miſérable & groſſiere prévaut parmi les Particuliers qui ne joüiſſent de rien, & ſont preſque ſans ſociété. Dans une telle ſituation, ſi le Souverain a beſoin du ſervice de ſes Sujets, le travail de l'Etat ſuffit ſeulement à fournir le néceſſaire aux Laboureurs. On n'en peut rien tirer pour ceux qui ſont employés au ſervice public.

DISCOURS III.

De l'Argent.

L'Argent n'eſt pas à proprement parler un des objets du Commerce, mais ſeulement l'inſtrument dont les hommes ſont convenus, pour faciliter l'échange d'une commodité contre une autre. Ce n'eſt pas une des roues du Commerce : c'eſt l'huile qui rend le mouvement des roues plus doux & plus facile. Si nous conſidérons un Royaume iſolé, il eſt évident que l'abondance d'argent plus ou moins grande n'eſt d'aucune conſéquence, puiſque le prix des denrées eſt toûjours proportionné à la quantité de l'argent.

Avec l'écu que nous appellons

une Couronne, dans le tems d'Henri VII. on faisoit tout ce qu'on fait aujourd'hui avec une livre sterling. C'est l'Etat seul qui tire quelque avantage de la plus grande abondance d'argent, & cela uniquement dans ses guerres & ses négociations avec les Etats voisins. C'est par cette raison que tous les Pays riches & commerçans, depuis Carthage jusqu'à l'Angleterre, & la Hollande ont employé des Troupes mercenaires, qu'elles louent de leurs voisins qui sont plus pauvres. Si ces Pays étoient obligés de se servir de leurs Sujets naturels, ils y trouveroient moins d'avantage par la supériorité de leurs richesses, & par leur grande abondance d'or & d'argent, puisque les gages de tous leurs Domestiques doivent hausser en proportion de l'opulence publique. Notre petite armée de vingt mille hommes en Angleterre coûte autant au Gouvernement, que coûteroit à la France une armée trois fois aussi nombreuse. L'entretien de la Flotte Angloise pendant la derniere guerre coûtoit autant d'argent à la Nation, qu'on en employoit pour maintenir les Légions Romaines, qui tenoient le monde entier dans la sujétion du tems des Empereurs (*a*).

(*a*) Un simple Soldat dans l'Infanterie Romaine avoit un denier par jour, quelque chose moins de huit sols. Les Empereurs Romains avoient communément vingt-cinq Légions à leur solde; ce qui, en comptant cinq mille hommes par Légion, fait cent vingt-cinq mille. *Tacit. Ann. Liv.* 4. Il est vrai qu'il y avoit aussi des Troupes auxiliaires jointes aux Légions, mais on est dans l'incertitude sur leur nombre & sur leur paye. A ne parler que des Troupes Légionaires, la paye des simples Soldats ne pou-

Le

Le plus grand nombre de Peu-

---

voit pas excéder la somme de seize cens mille livres sterling : le Parlement dans la derniere guerre en accordoit communément deux millions cinq cens mille. Nous avons donc neuf cens mille livres sterling de plus pour les Officiers & les autres dépenses que les Légions Romaines. Il paroît qu'il n'y a eu que peu d'Officiers dans les armées Romaines, en comparaison de ce que nous en employons dans nos Troupes modernes, excepté dans quelques Corps Suisses, & ces Officiers avoient une très-petite paye. Un Centurion, par exemple, avoit seulement le double d'un Soldat ordinaire ; & comme les Soldats avec leur paye (*Tacit. Ann. Liv.* I.) étoient obligés de se fournir d'habits, d'armes, de tentes & de bagage ; cela devoit considérablement diminuer les autres charges de l'armée, tant ce puissant Gouvernement dépensoit peu & tant son joug sur le monde entier étoit aisé, & en vérité, c'est la conclusion la plus naturelle des calculs précédens ; car l'argent, après la conquête de l'Egypte, paroît avoir été à

ple, & leur plus grande induſtrie, ſont d'un avantage certain dans tous les cas, au-dedans & au-dehors, dans le particulier & dans le Public. Mais la plus grande abondance d'argent eſt très-limitée dans ſes uſages, & peut même quelquefois être nuiſible à une Nation dans ſon Commerce avec les Etrangers. Il paroît y avoir une heureuſe concurrence de cauſes dans les affaires humaines, qui arrête l'augmentation de commerce & de richeſſes, & qui les empêchent d'être reſtraintes à un ſeul Peuple, comme il ſeroit naturel de le craindre d'abord des avantages d'un Commerce établi. Lorſque dans le Commerce une Nation a pris le deſſus ſur une

---

Rome dans une auſſi grande abondance qu'il l'eſt à préſent dans les Royaumes les plus riches de l'Europe.

autre, il eſt fort difficile pour la derniere de regagner le terrein qu'elle a perdu, à cauſe de la ſupériorité d'induſtrie de la premiere, & des plus grands fonds, dont ſes Marchands ſont en poſſeſſion, qui les met en état de ſe borner dans le Commerce à de plus petits profits: mais ces avantages ſont compenſés en quelque ſorte par le bas prix du travail dans chaque Nation qui n'a pas un Commerce étendu, & qui n'abonde pas beaucoup en or & en argent. Ainſi les Manufactures petit à petit abandonnent ces Pays & ces Provinces qu'elles ont déja enrichies, & s'établiſſent en d'autres, où elles ſont attirées par le bon marché des proviſions & du travail, juſqu'à ce qu'elles aient enrichi celles-ci, & en ſoient encore bannies par les mêmes cauſes. En général, nous pouvons obſerver que la cherté de toute chose, que produit l'abondance d'argent, est un désavantage qui suit un Commerce établi, & qui y met des bornes dans tous les pays ; parce qu'elle fait que les Etats plus pauvres, peuvent vendre à plus bas prix dans tous les Marchés étrangers.

Ce fait m'a jetté dans un grand doute sur l'utilité des Banques & des papiers de crédit, qui passent si généralement pour être avantageux à toute Nation. Que les provisions & le travail deviennent chers par l'augmentation du Commerce & de l'argent, c'est à beaucoup d'égards un inconvénient ; mais un inconvénient qu'on ne peut éviter, & qui est l'effet de la richesse & de la prospérité publiques, qui sont le but de tous nos désirs. Il est compensé par l'utilité que nous retirons de la possession de ces précieux métaux, & par le poids qu'ils donnent à la Nation dans toutes les guerres étrangeres & dans les négociations. Mais je ne vois point de raison pour augmenter cet inconvénient, par une monnoie contrefaite que les Etrangers ne veulent pas recevoir, & que quelque grand désordre dans l'Etat réduiroit à rien. Il y a, à la vérité, beaucoup de gens dans tout Etat riche, qui ayant de grandes sommes d'argent, préféreront du papier avec de bonnes sûretés, attendu que le transport en est plus aisé, & la garde plus assûrée. Si le Public n'ouvre pas une Banque, les Banquiers particuliers profiteront de cette circonstance, comme faisoient autrefois les Orfévres à Londres, ou comme font aujourd'hui les Banquiers à Dublin. C'est pourquoi l'on peut penſer qu'il eſt mieux qu'une Compagnie publique joüiſſe du bénéfice de ce papier de crédit, qui aura toûjours lieu dans tout Royaume riche. Mais ce ne peut jamais être l'intérêt d'aucune Nation commerçante d'augmenter artificiellement un tel crédit, il doit au contraire en réſulter de grands déſavantages, en augmentant l'argent au-delà de ſa proportion naturelle, avec le travail & les commodités, ce qui par-là en hauſſe le prix au Marchand & au Manufacturier.

Dans cette vûe il faut avouer qu'aucune Banque ne pourroit être plus avantageuſe au Public, que celle où l'on enfermeroit tout l'argent qui y ſeroit apporté, & qui n'augmenteroit jamais la monnoie qui circule, comme cela eſt ordinaire, en remettant une partie de ſon thréſor dans le Commerce. Une

Banque publique par cet expédient rendroit infructueuses beaucoup de manoeuvres des Banquiers particuliers & des Agioteurs d'argent ; & quoique les frais de direction, & autres dépenses de cette Banque, fussent à la charge de l'Etat (car, suivant notre premiere supposition, elle n'en retireroit aucun profit) l'avantage national résultant du bas prix du travail & de la destruction du papier de crédit, seroit une compensation suffisante. Je pourrois ajoûter qu'un argent si considérable se trouvant toûjours tout prêt, seroit d'une grande ressource dans des tems de calamité & de danger public, & pourroit être remplacé à loisir, lorsque la paix & la tranquillité seroient rendues à la Nation.

Mais nous traiterons plus au long ci-après de ce papier de crédit. Je finirai cet Essai sur l'Argent, en proposant & en expliquant deux Observations qui peuvent exercer l'esprit de nos Politiques spéculatifs; car dans tous ces Discours, c'est à eux seuls que je m'adresse. C'est assez que je m'expose au ridicule qu'on attache quelquefois en ce siécle au caractère de Philosophe, sans y ajoûter celui que risque un Donneur de Projets.

C'étoit une remarque assez fine du Scythe Anacharsis (*a*), qui n'avoit jamais vû de monnoie dans son propre pays; qu'à son avis, l'or & l'argent ne pouvoient avoir d'autre usage chez les Grecs que pour les aider à nombrer & à toutes les opérations de l'Arithméti-

---

(*a*) *Quomodo quis suos prospectus in virtute sentire possit*. Plut.

que †. A la vérité, il est évident

† » Cette opinion que l'argent a une » valeur intrinséque numéraire est encore » dans bien des têtes élevées, & même » dans de bons écrits. «

M. MELON, *Essai Politique sur le Commerce, Chapitre XXV.*

M. LOCK, dans un excellent Ouvrage sur cette matiere, intitulé en Anglois : *Some considerations of the consequences, of the lowering, of interest, and rising, the value, of money*, ne donne pas à l'argent cette valeur intrinseque. Celle qu'il lui attribue, quoique de convention, ne laisse pas d'avoir une sorte de réalité, parce que la convention est générale. Voici ses propres paroles : » L'Argent ne sert point au Com» merce, simplement comme mesure, ou » comme les jettons : il sert par lui-même » de gage & de sûreté ; c'est pourquoi tous » les moyens qu'on peut mettre en œuvre » pour le multiplier fictivement, en fabri» quant des Billets, ne nous empêchent pas » d'être pauvres, mais nous cachent pour quel» que tems notre pauvreté. «

que la monnoie n'eſt que la repréſentation du travail & des denrées, & ſert uniquement comme de méthode pour les compter & les eſtimer. Si l'argent eſt dans une plus grande abondance, comme il en faut alors une plus grande quantité, pour repréſenter la même quantité de biens ; cela ne peut avoir aucun effet, bon ou mauvais, à prendre une Nation à part.

C'eſt ainſi qu'il n'arriveroit aucune altération aux Livres de

---

C'eſt conſéquemment à ces principes que l'Auteur des *Elémens du Commerce*, après avoir déterminé en quoi conſiſte la fonction naturelle de l'argent, comme ſigne, remarque judicieuſement, que par-tout où l'ordre naturel qu'il expoſe exiſte actuellement, l'argent n'eſt point la meſure des denrées, & qu'au contraire la quantité des denrées meſure le volume du ſigne. *Chapitre XI. de la Circulation de l'Argent.*

compte d'un Marchand, ſi au-lieu de la maniere de calculer des Arabes, qui demande peu de caractères, il faiſoit uſage de celle des Romains, qui en demande beaucoup. Au contraire, la plus grande quantité d'argent, comme celle des caractères Romains eſt plutôt à charge, & demande un plus grand ſoin, ſoit pour la garder, ſoit pour la tranſporter. Mais malgré cette concluſion que l'on eſt forcé de reconnoître pour juſte, il eſt certain que depuis la découverte des Mines de l'Amérique, l'induſtrie a augmenté dans toutes les Nations de l'Europe, excepté parmi les Poſſeſſeurs de ces Mines; & entr'autres cauſes, ce fait peut très-bien être attribué à l'augmentation d'or & d'argent. En conſéquence, nous trouvons que dans tout Royaume où l'argent commence à ſe répandre avec plus d'abondance qu'auparavant, toutes choses changent de face; le travail & l'industrie prennent vigueur, le Marchand devient plus entreprenant, le Manufacturier plus soigneux & plus habile, & le Fermier même s'attache à sa charrue avec plus de gaieté & d'attention. Il n'est pas aisé de rendre compte de ceci, si nous considérons seulement l'influence qu'a une plus grande abondance d'argent, dans le dedans du Royaume, en haussant le prix des denrées & en obligeant un chacun pour chaque chose qu'il achete de payer un plus grand nombre de ces petites piéces jaunes ou blanches. Quant au Commerce étranger, il paroît qu'une plus grande abondance d'argent est plutôt désavantageuse, parce qu'elle fait monter plus haut le prix de chaque espéce de travail.

Pour rendre compte de ce phénomène, nous devons considérer que quoique le haut prix des denrées soit une conséquence nécessaire de l'augmentation d'or & d'argent ; cependant il ne suit pas immédiatement cet accroissement, mais qu'il faut qu'il se passe quelque tems, avant que l'argent circule dans tout l'Etat, & fasse ses effets sur toutes les sortes d'hommes. D'abord on n'apperçoit aucune altération ; ensuite le prix d'une denrée augmente, puis celui d'une autre, tant qu'à la fin le tout monte à une juste proportion, avec la nouvelle quantité d'espéce qui est dans le Royaume. C'est, à mon avis, seulement dans cet intervalle, ou situation intermédiaire, entre l'acquisition d'argent & le haussement des prix, que l'accroissement de la quantité d'or & d'argent est favorable à l'induſtrie. Lorſqu'un nouvel argent eſt apporté dans une Nation, il n'eſt pas auſſi-tôt diſperſé dans pluſieurs mains, il entre dans les coffres de quelques perſonnes qui cherchent immédiatement à l'employer de la maniere la plus avantageuſe. Suppoſons ici qu'une Société de Manufacturiers, ou de Marchands, aient reçu des retours d'or & d'argent pour des marchandiſes qu'ils ont envoyées à Cadix : ils ſont par-là en état d'employer plus d'Ouvriers qu'auparavant ; ceux-ci ne penſent jamais à demander des gages plus forts, & ſont trop contens de trouver de l'emploi chez des Maîtres qui les payent bien. Si les Ouvriers deviennent rares, le Manufacturier leur donne des gages plus forts ; mais il demande d'abord une augmentation de travail à laquelle ſe ſoûmet volontiers l'Artisan, qui se procure une meilleure nourriture & une boisson plus agréable pour compenser le travail & la fatigue qu'il supporte de plus. Il porte son argent au marché, où il trouve toute chose au même prix qu'auparavant; mais il revient avec une plus grande quantité de denrées & de meilleures espéces pour l'usage de sa famille. Le Fermier & le Jardinier trouvant que toutes leurs denrées sont enlevées, travaillent la terre avec plus d'empressement pour lui faire produire davantage, & en même tems sont en état de prendre de leurs Marchands de meilleurs draps & en plus grande quantité, attendu que leur prix est le même qu'auparavant, & que leur industrie est seulement aiguisée par ce nouveau gain. Il est aisé de suivre l'argent dans tous les progrès qu'il fait dans un Etat, & nous trouverons qu'il faut qu'il éveille d'abord l'activité de chaque Particulier avant qu'il augmente le prix du travail.

L'espéce peut augmenter à un point considérable, avant que de produire ce dernier effet ; cela a paru par les fréquentes opérations du Roi de France sur la monnoie, où l'on a toûjours trouvé que l'augmentation de la valeur numéraire n'a pas fait du moins de quelque tems hausser en proportion le prix des denrées. Dans la derniere année de Louis XIV. les monnoies furent augmentées de trois septiémes ; le prix des denrées ne le fut que d'un. Le blé en France se vend à présent au même prix, ou pour le même nombre de livres qu'en 1683. quoique l'argent fût alors à trente livres le marc, & qu'il soit à présent à cinquante (*a*), sans

---

(*a*) Je donne ces faits sur l'autorité de M. Du Tot, dans ses *Réflexions Politiques*, quoique je sois obligé d'avouer que les faits qu'il avance en d'autres occasions sont si souvent suspects, qu'ils diminuent son autorité dans cette matiere. Cependant l'Observation générale que l'augmentation des monnoies en France, n'augmente pas d'abord à proportion le prix des denrées, est certainement juste.

C'est, ce me semble, une des meilleures raisons que l'on puisse donner de l'augmentation graduelle & universelle de l'argent, quoiqu'on n'en ait fait aucune mention dans tous ces volumes, qui ont été écrits par Messieurs Melon, Du Tot, & Paris Duverney. Si, par exemple, on refondoit toute notre monnoie, & que l'on retranchât un sou de chaque scheling. Probablement, on auroit pour le nouveau scheling les mêmes choses que l'on avoit auparavant pour l'ancien : par-là le prix de chaque chose seroit insensiblement diminué, le Commerce étranger seroit animé, & l'industrie domesti-

parler de l'addition considérable d'argent qui peut être arrivée dans ce Royaume dans le cours de ces soixante ans †.

---

que recevroit quelque encouragement par la circulation d'un plus grand nombre de livres & de schelings. En exécutant un pareil projet, il seroit mieux de faire passer le nouveau scheling pour vingt-quatre sols, afin de conserver l'illusion, & que l'on crût recevoir le même que l'Ancien.

† *Cette illusion, qui ne peut avoir lieu que parmi le Peuple, n'y peut pas même subsister long-tems ; la valeur intrinseque d'une monnoie est bien-tôt connue : le Commerce étranger force les moins clairvoyans à s'appercevoir de l'altération ; car l'argent est non-seulement la véritable mesure des autres richesses d'un Etat, il est aussi celle de son Commerce avec ses voisins, ce qui est une nouvelle raison pour n'y pas toucher ; le moindre des inconvéniens qu'entraînent de semblables altérations est d'embarrasser le Commerce avec l'Etranger. M. Mun remarque de plus très-*

Nous pouvons conclurre de tout ce raisonnement, qu'à l'égard du bonheur intérieur d'un Etat, il importe peu que l'argent soit en plus grande ou en moindre quantité. La bonne police du Gouvernement consiste uniquement à faire, s'il est possible, qu'il aille toûjours en augmentant, attendu que par ce

---

sagement que ces expédiens qui causent tant de dommages aux Sujets, ne sont pas même avantageux pour le Souverain, comme quelques personnes se le persuadent : » Car » quoique, dit-il, une refonte de tout no» tre argent, dont on altéreroit le poids ou » le titre, apportât présentement (pour une » fois seulement) un bénéfice certain à la » monnoie, le Souverain perdroit bien-tôt » ce bénéfice & beaucoup plus dans la per» ception de ses revenus, qui, par ce » moyen, lui seroient payés annuellement » en argent d'une moindre valeur intrinse» que qu'anciennement. « *Chapitre VIII.*

moyen il tient en haleine un esprit d'industrie dans la Nation, & qu'il augmente le magasin de travail qui fait le pouvoir réel & les vraies richesses d'un Peuple. Une Nation, dont l'argent diminue, est actuellement plus foible & plus misérable qu'une autre Nation qui n'a pas plus d'argent, mais qui est en train de l'augmenter. Il sera aisé d'en sentir la raison, si l'on considere que les altérations, dans la quantité de monnoie, ne sont pas suivies immédiatement d'altérations proportionnées dans le prix des denrées. Il y a toûjours un intervalle, avant que ces matiéres s'ajustent à leur nouvelle situation; & cet intervalle est aussi pernicieux à l'industrie, lorsque l'or & l'argent diminuent, qu'il est en effet avantageux lorsque ces métaux augmentent. L'Ouvrier n'est pas employé de même par le Manufacturier & le Marchand, quoiqu'il paye le même prix pour chaque chose au Marché. Le Fermier ne peut disposer de son blé & de son bétail, quoiqu'il soit obligé de payer la même rente à son Seigneur. La pauvreté, la mendicité & la paresse qui doivent s'en suivre, sont aisées à prévoir.

Voici la seconde Observation que je me suis proposé de faire à l'égard de l'argent. Il y a quelques Royaumes & plusieurs Provinces en Europe (& tous autrefois étoient dans la même condition) où l'argent est si rare, que le Seigneur, qui n'en peut tirer de ses Fermiers, est obligé de recevoir sa rente en denrée, & de la consommer lui-même, ou de la faire transporter aux lieux où il peut trouver un Marché.

Dans ces pays le Prince ne peut

lever que peu ou point de taxes, & feulement de la même maniere; & comme des impofitions ainfi payées ne peuvent lui apporter qu'un petit bénéfice, il eft évident qu'un pareil Royaume n'a que peu de force au-dedans, & ne peut entretenir des Flottes & des Armées, auffi loin que fi l'or & l'argent abondoient en chaque Province. Il y a fûrement une plus grande difproportion entre les forces de l'Allemagne à préfent, & ce qu'elle étoit il y a trois fiécles (*a*), qu'il n'y en a entre fon induftrie, fon Peuple & fes Manufactures.

Les domaines Autrichiens dans l'Empire, font en général bien peu-

(*a*) Les Italiens donnerent à l'Empereur Maximilien le fobriquet de *Pocchi-Danari*. Aucune des entreprifes de ce Prince ne réuffit faute d'argent.

plés & bien cultivés ; ils ſont d'une grande étendue, mais ils n'ont pas un poids proportionné dans la balance de l'Europe ; ce qui provient, comme on le ſuppoſe communément, de leur diſette d'argent. Comment ces faits s'accordent-ils avec ce principe de raiſon, que la quantité d'or & d'argent eſt par elle-même entiérement indifférente. Suivant ce principe, par-tout où un Souverain a un grand nombre de Sujets, & où ceux-ci ont l'abondance des denrées, le Prince naturellement devroit être grand & puiſſant, & les Peuples riches & heureux, indépendamment de la plus grande ou de la moindre abondance de ces précieux métaux. L'or & l'argent admettent une infinité de diviſions & de ſubdiviſions, & lorſqu'ils ſeroient réduits à un ſi petit volume qu'il y auroit à craindre de les perdre, il eſt aiſé de les mêler avec un métal plus bas, comme cela ſe pratique dans quelques pays de l'Europe, & par ce moyen de leur donner un volume plus ſenſible & plus convenable. Ils répondent toûjours au but d'échange qu'on ſe propoſe, en quelque nombre qu'ils puiſſent être, & quelque couleur que l'on veuille leur donner.

Je répons à ces difficultés que l'effet que l'on ſuppoſe ici être produit par la rareté d'argent, provient réellement des mœurs & des coûtumes des Habitans; & que, comme cela eſt aſſez ordinaire, nous prenons pour une cauſe, ce qui n'eſt qu'un effet collatéral. La contradiction n'eſt que dans l'apparence, & il faut quelques réflexions pour découvrir les principes par leſquels nous pouvons concilier la raiſon

raiſon & l'expérience. Il paroît que c'eſt une maxime de la derniere évidence, que le prix de chaque choſe dépend de la proportion entre les denrées & l'argent, & que toute altération un peu ſenſible ſur l'un ou l'autre ſujet, a le même effet de hauſſer ou de diminuer les prix. Augmentez les denrées, elles deviennent à meilleur marché; augmentez l'argent, elles hauſſent de valeur: comme de l'autre côté, une diminution des commodités, ou de l'argent, font les effets contraires.

Il eſt auſſi évident que les prix ne dépendent pas tant de la quantité abſolue de denrées & d'argent, qui ſont dans une Nation, que de celle des denrées que l'on porte, ou que l'on peut porter au marché, & de l'argent qui circule. Si l'argent eſt renfermé dans des coffres, c'eſt la même choſe à l'égard des prix, que s'il étoit anéanti : ſi les denrées reſtent dans des greniers, il s'enſuit le même effet. Comme l'argent & les denrées dans ces cas ne ſe rencontrent jamais, ils ne peuvent réciproquement opérer l'un ſur l'autre aucun effet.

Si nous avions en quelque tems que ce ſoit à former des conjectures ſur le prix des proviſions, le blé que le Fermier eſt obligé de garder pour ſa ſubſiſtance & celle de ſa famille ne doit jamais entrer dans l'eſtimation : c'eſt ſeulement le ſurplus comparé à la demande qui détermine le prix.

Pour appliquer ces principes, nous devons conſidérer que dans ces premiers tems, où un Etat eſt encore barbare, avant que l'imagination ait confondu ſes beſoins avec ceux de la nature ; les hommes contens des productions de leurs propres champs, & de ces préparations grossieres qu'eux-mêmes peuvent leur donner, ont peu de besoin d'échanges, ou du moins d'argent, qui, par convention, est la mesure commune de l'échange. La laine du Troupeau du Fermier filée dans sa famille & travaillée par un Drapier voisin, qui reçoit son payement en blé ou en laine, suffit pour les besoins de sa famille. Le Charpentier, le Serrurier, le Masson, le Tailleur ont des salaires de pareille nature, & le Seigneur lui-même demeurant dans le voisinage, est content de recevoir sa rente en denrées, que produit le travail du Fermier. Il en consomme la plus grande partie dans son Château à recevoir des Hôtes grossiers : il envoie peut-être le reste à la Ville voisine dont il tire les objets de sa dépense & de son luxe.

Mais ensuite les hommes commencent à rafiner sur leurs besoins comme sur leurs plaisirs ; ils ne vivent pas toûjours chez eux, & ne se contentent pas de ce que produit leur voisinage : il y a plus d'échanges & de Commerce de toute espéce, & il entre plus d'argent dans ces échanges. Les Marchands ne veulent point être payés en blé, parce qu'ils ont besoin de quelque chose de plus que de manger. Le Fermier va chercher les commodités dont il a besoin au-delà de son Village, & ne peut pas toûjours porter ses denrées au Marchand qui le fournit. Le Seigneur vit dans la Capitale, ou dans le Pays étranger, & demande sa rente en or & en argent qu'il est aisé de lui transporter. Il s'éleve dans toute espéce de commodités de grands Entrepreneurs, des Manufacturiers & des Marchands considérables, & ceux-ci ne peuvent trafiquer convenablement qu'en espéces. L'argent en conséquence, dans cette nouvelle forme de la Société, entre en beaucoup plus de contrats, & par ce moyen est beaucoup plus employé que dans la premiere.

Il s'ensuivra nécessairement que pourvû que l'argent n'augmente pas dans la Nation, chaque chose doit devenir à bien meilleur marché dans des tems d'industrie & de délicatesse, que dans des siécles grossiers & sauvages. C'est la proportion entre l'argent qui circule, & les denrées du marché, qui détermine les prix. Celles que l'on consomme ou que l'on échange avec d'autres commodités dans le voisinage, ne viennent jamais au marché : elles n'ont aucun effet sur l'espéce courante ; à cet égard, elles sont comme si elles étoient entiérement anéanties, & par conséquent cet usage que l'on en fait détruit la proportion du côté des commodités & augmente les prix. Mais lorsque l'argent entre dans tous les contrats & dans tous les marchés, & qu'il est par-tout la mesure de l'échange, le même fonds national d'argent monnoyé a une plus grande tâche à remplir. Toutes les denrées sont alors au marché, la sphère de circulation est augmentée ; c'est la même chose que si cette somme individuelle devoit servir à un plus grand Royaume, & par conséquent la proportion étant dans ce cas-ci diminuée du côté de l'argent, chaque chose doit devenir à meilleur marché, & les prix doivent tomber par degrés.

Par les calculs les plus exacts qui ont été faits dans toute l'Europe, après avoir évalué le change dans la dénomination ou la valeur numéraire, il se trouve que les prix de toutes choses n'ont que triplé, ou au plus quadruplé, depuis la découverte des Indes Occidentales. Mais quelqu'un osera-t-il assûrer qu'il n'y a que quatre fois plus d'argent qu'il n'y en avoit dans le quinziéme siécle, ou dans les siécles qui l'ont précédé ? Les Espagnols & les Portugais de leurs Mines ; les Anglois, les François & les Hollandois de leur Commerce d'Afrique, & par leurs interloppes dans les Indes Occidentales, tirent environ sept millions par an, dont la dixiéme partie ne va pas aux Indes Orientales. Cette seule somme en cinq ans doubleroit probablement l'ancien fonds d'argent en

Europe. Le changement dans les mœurs & dans les coûtumes, eſt la ſeule raiſon ſatisfaiſante que l'on puiſſe donner, pourquoi les prix de toutes choſes n'ont pas monté à un degré beaucoup plus exorbitant. Outre qu'une induſtrie additionnelle produit beaucoup plus de commodités, & que l'on porte plus de ces commodités au marché, après que les hommes ont quitté leur ancienne ſimplicité de mœurs †. Quoique cet

---

† » La quantité d'or & d'argent portée » en Europe, depuis la découverte de l'A- » mérique, auroit été capable de faire le » même effet (*d'augmenter le prix des terres* » *& de toutes ſortes de marchandiſes*) ſi la » prodigieuſe augmentation du Commerce, » n'avoit augmenté le beſoin du gage des » échanges, proportionnellement à la quan- » tité de Pays devenus Commerçans : Et » proportionnellement à nos beſoins de » Luxe, les Manufactures multipliées dans

accroiſſement n'ait pas été égal à celui de l'argent, il a cependant été conſidérable, & il a conſervé la proportion entre l'eſpéce & les denrées plus près de l'ancien pié.

Si l'on propoſoit la queſtion, laquelle des deux manieres de vivre eſt la plus avantageuſe à l'Etat ou au Public, ſans luxe ou avec luxe, je ne me ferois aucun ſcrupule de préférer la derniere, du moins dans une vûe politique, & je m'y croirois fondé par l'encouragement que je donnerois au Commerce & aux Manufactures.

Lorſque les hommes vivent dans

» toute l'Europe, les dorures, la vaiſſelle, » l'argent tranſporté aux Indes, tout cela » fait une compenſation vague & impoſſible » à apprécier exactement. «

M. MELON, *Eſſai Politique ſur le Commerce, Chapitre XV.*

la maniere ſimple & ancienne, & que leur induſtrie domeſtique, ou tout au plus le voiſinage ſupplée à tous leurs beſoins, le Prince ne peut lever de taxe d'une partie conſidérable de ſes Sujets : s'il veut leur en faire ſupporter quelqu'une, il faut qu'il la reçoive en denrées, dans leſquelles ſeules ils abondent ; & les inconvéniens qui ſont attachés à cette méthode ſont ſi ſenſibles qu'il eſt inutile ici de s'y arrêter. Tout l'argent qu'il peut eſpérer de lever eſt réduit à celui que lui fourniront ſes Villes principales, dans leſquelles ſeules il circule, or il eſt évident qu'elles ne peuvent lui en fournir, autant qu'il en retireroit de tout l'Etat, ſi l'or & l'argent y circuloit dans toute ſon étendue. Mais outre cette diminution manifeſte de revenu dans cette ſituation, il y a encore une autre cause de la pauvreté du Public. Non-seulement le Souverain reçoit moins d'argent, mais ce même argent ne va pas si loin que dans les tems d'industrie & de Commerce général. Toute chose est plus chere où l'or & l'argent sont supposés égaux, & cela parce qu'il vient moins de denrées au marché & que tout l'argent monnoyé porte une plus haute proportion avec ce qui est à vendre ; c'est ce qui fixe & détermine le prix de chaque chose †.

---

† M. MELON *va encore plus loin. Selon lui :* » La trop grande quantité d'argent, » ou de gage quelconque des échanges, » seroit encore bien plus nuisible que l'in- » suffisance de ce gage. Si le gage man- » quoit, les crédits publics pourroient le » remplacer : mais si l'argent devenoit » commun comme les pierres, ou même » comme le fer, il ne pourroit plus être la

Ceci nous fait voir la fausseté de la remarque que l'on trouve si souvent dans les Historiens, & que l'on fait tous les jours dans la conversation, que tout Etat particulier est foible, quoique fertile, peuplé & bien cultivé, uniquement à cause qu'il manque d'argent. Il paroît, au contraire, que le manque d'argent ne peut faire tort à aucun Etat au-dedans de lui-même ; car les hommes & les commodités sont la véritable force de toute Nation.

» commune mesure des denrées, parce qu'il » seroit donné sans mesure ; il faudroit donc » revenir à un autre gage moins commun, » & en attendant les conventions généra» les là-dessus, que la nécessité rendroit » promptes, le Commerce recommenceroit » par échanges de marchandises, comme » dans les premiers siécles, ou comme chez » les Sauvages. « *Essai Politique, Chapitre XXIV.*

C'eſt la maniere ſimple de vivre qui eſt nuiſible au Public, parce qu'elle reſſerre l'or & l'argent dans un petit nombre de mains, & qu'elle les empêche de ſe répandre & de circuler par-tout. Au contraire l'induſtrie & les rafinemens de toute eſpéce font que l'argent, quelle qu'en puiſſe être la quantité, ſe communique de Membre en Membre à tout le Corps de l'Etat, qu'il circule, pour ainſi dire, dans toutes les veines & qu'il entre dans toutes les ſortes de marchés & de contrats. Aucune main n'en eſt entiérement vuide, & comme le prix de chaque choſe tombe par ce moyen, le Souverain a un double avantage; il peut tirer de l'argent par ſes taxes de chaque partie de l'Etat, & ce qu'il en reçoit devient plus fructueux dans tous les emplois qu'il en peut faire.

Nous pouvons inférer de la comparaison des prix, que l'argent n'est pas plus abondant à la Chine qu'il ne l'étoit en Europe il y a trois cens ans. Quel est cependant le pouvoir immense de cet Empire, si nous en devons juger par la liste civile & militaire qui est à sa charge ? Polybe (*a*) nous dit que les provisions de son tems étoient à si bon marché en Italie, qu'en quelques endroits l'Ecot dans les Auberges n'étoit que d'un *Demi-sou* par tête, un peu plus d'un *Fardin* (*b*). Cependant la puissance Romaine avoit alors subjugué le Monde entier connu. Environ un siécle auparavant, les Ambassa-

(*a*) Liv. 2. Chap. 15.

(*b*) Liard, ou la quatriéme partie du sou d'Angleterre.

deurs Carthaginois dirent par maniere de raillerie, qu'aucuns Peuples ne vivoient parmi eux d'une maniere plus ſociable que les Romains ; car à chaque repas que ces Ambaſſadeurs recevoient comme Miniſtres étrangers, ils obſervoient toûjours le même plat à chaque table (*a*). La quantité abſolue de ces précieux métaux eſt un objet très-indifférent. Il y a ſeulement deux circonſtances de quelque importance à conſidérer : leur augmentation graduelle & leur circulation dans l'Etat ; & l'on a expliqué ici l'influence de ces deux circonſtances.

Dans le Diſcours ſuivant, nous verrons un exemple d'une erreur ſemblable à celle ci-deſſus men-

(*a*) Pline, Liv. 33. Chap. 11.

tionnée, où un effet collatéral est encore pris pour une cause, & où l'on attribue à l'abondance d'argent une conséquence qui n'est réellement dûe qu'aux changemens dans les mœurs & les coûtumes du Peuple.

DISCOURS

DISCOURS IV.

De l'Intérêt.

RIen ne passe pour un signe plus certain de l'état florissant d'une Nation, que la modicité de l'intérêt, & c'est avec raison. Quoique je pense que la cause en est un peu différente, de ce que l'on croit communément, la modicité de l'intérêt est généralement attribuée à l'abondance d'argent; cependant l'argent, quoique abondant, n'a d'autre effet, si le fonds en est toûjours le même, que d'augmenter le prix du travail. L'espéce d'argent est plus commune que celle d'or, ainsi vous en recevrez une plus grande quantité pour les mêmes commodités: mais porte-t-elle un moindre intérêt ? L'intérêt à Batavia & à la Jamaïque est à dix pour cent, en Portugal à six, quoique ces Pays, comme nous l'apprenons du prix de chaque chose, abondent beaucoup plus en or & en argent que Londres ou Amsterdam.

Si tout l'or en Angleterre étoit anéanti à la fois, & que l'on substituât vingt-un schelings à la place de chaque guinée, la monnoie seroit-elle plus abondante ou l'intérêt plus bas ? Non sûrement ; seulement nous nous servirions d'argent au-lieu d'or. Si l'or devenoit aussi commun que l'argent, & que l'argent le devînt autant que le cuivre, la monnoie seroit-elle plus abondante ou l'intérêt plus bas ? Nous pouvons en sûreté faire la même réponse : nos schelings alors seroient jaunes, nos sous seroient blancs, & nous n'aurions point de guinées. Voilà tout ce qui en arriveroit. Le Commerce, les Manufactures, la navigation & l'intérêt n'en souffriroient aucune altération, à moins que nous n'imaginions que la couleur du métal est de quelque conséquence.

Or ce qui est si visible dans ces extrêmes variations de rareté ou d'abondance de ces précieux métaux, doit arriver en proportion dans les plus petits changemens. Si l'on peut multiplier quinze fois l'or ou l'argent sans produire de différence ; à plus forte raison lorsqu'on ne fait que le doubler ou le tripler. Toute augmentation n'a d'autre effet que de hausser le prix du travail & des commodités, & même cette augmentation n'est guère que celle d'un nom. Dans les progrès de ces changemens, l'augmentation peut avoir quelque influence en excitant l'induſtrie : mais après que les prix ſont arrêtés, proportionnellement à la nouvelle abondance d'or & d'argent, elle n'a plus aucune ſorte d'influence.

Un effet garde toûjours une proportion avec ſa cauſe. Les prix ont à peu près quadruplé depuis la découverte des Indes ; il eſt cependant probable que l'or & l'argent ont multiplié beaucoup plus : mais l'intérêt n'eſt guère tombé que de moitié. Le prix de l'intérêt ne vient donc pas de la quantité de ces précieux métaux.

L'argent n'ayant qu'une valeur fictive que la convention des hommes lui a donnée, ſi nous conſidérons une Nation en elle-même, il lui importe peu qu'elle en ait une plus grande ou une moindre abondance. Lorſque la monnoie eſt une fois fixée, en quelque abondance qu'elle soit, elle n'a d'autre effet que d'obliger chaque Particulier à compter un plus grand nombre de ces brillantes piéces de métal pour ses habits, ses meubles ou ses équipages, sans qu'elle puisse augmenter les aisances de la vie de qui que ce soit. Si un homme emprunte de l'argent pour bâtir une maison, il rapporte alors chez lui une plus grande charge, parce que la pierre, le bois, le fer, le plomb, &c. avec le travail des Massons & des Charpentiers, sont représentés par une plus grande quantité d'or & d'argent.

Mais ces métaux ne devant être considérés que comme des représentations, leur volume ou leur quantité, leur poids ou leur couleur ne peuvent opérer aucun changement sur leur valeur réelle ou leur intérêt. Le même intérêt dans tous les cas porte la même proportion avec la ſomme. Si vous me prêtez tant de travail & tant de commodités à cinq pour cent, vous recevez toûjours un travail & des commodités proportionnées, ſoit que la choſe ſoit repréſentée par des piéces jaunes ou blanches, par une livre ou par une once. Il eſt donc inutile de chercher ce qui fait hauſſer ou baiſſer l'intérêt dans la plus grande ou la moindre quantité d'or & d'argent qui eſt fixée en chaque Nation.

Trois circonſtances font hauſſer l'intérêt. Une grande demande pour emprunter ; peu de richeſſes pour répondre à cette demande, & de grands profits provenans du Commerce. Ces circonſtances ſont la preuve la plus claire du peu de progrès du Commerce & de l'induſtrie, & non de la rareté de l'or & de l'argent. De l'autre côté, des circonſtances toutes contraires font baiſſer l'intérêt. Une petite demande pour emprunter ; de grandes richeſſes pour ſuppléer à cette demande, & de petits profits provenans du Commerce. Toutes ces circonſtances ſont liées enſemble, & naiſſent de l'augmentation de l'induſtrie & du Commerce, & non de celle de l'or & de l'argent. Nous tâcherons de prouver ces points auſſi clairement qu'il nous ſera poſſible, & nous commencerons par les cauſes & les effets d'une grande ou d'une petite demande pour emprunter.

Lorſqu'un Peuple commence à ſortir de l'état de barbarie, & qu'il devient plus nombreux qu'il n'étoit originairement, il faut qu'il arrive auſſi-tôt une inégalité de poſſeſſions : tandis que les uns ſont Maîtres d'une grande étendue de pays, d'autres ſont reſſerrés dans des limites très-étroites, & quelques-uns même ſont abſolument ſans aucune terre. Ceux qui poſſédent plus de terre qu'ils n'en peuvent cultiver, font travailler ceux qui n'en ont point, & conviennent de recevoir une partie déterminée du produit. De-là l'*Intérêt des Propriétaires de terre* eſt immédiatement établi, & il n'y a aucun Gouvernement, quelque groſſier qu'il puiſſe être, où les choſes ne ſoient pas ſur ce pié-là. De ces Propriétaires de terre, quelques-uns penſent différemment des autres, & tandis que l'on voudroit enmagaſiner pour l'avenir le produit de ſa terre, l'autre déſireroit de conſommer à préſent ce qui ſuffiroit pour pluſieurs années. Mais celui qui ne feroit que dépenſer ſon revenu vivroit entiérement ſans occupation, & les hommes ont tellement

ment besoin de quelque chose qui les fixe & qui les engage, que les plaisirs, quels qu'ils soient, seront toûjours recherchés de la plus grande partie des Propriétaires de terre, & par conséquent les prodigues seront toûjours aussi plus communs que les avares.

Ainsi dans un Etat où l'on ne connoît d'autre intérêt que celui de terres, comme il y a peu de frugalité, les Emprunteurs doivent être nombreux, & le prix de l'intérêt doit être en proportion. La différence ne dépend pas de la quantité d'argent, mais des usages & des moeurs qui prévalent. C'est ce dernier article seul qui augmente ou qui diminue la demande pour emprunter. Où l'argent abonde assez pour qu'un oeuf se vende six sous, aussi long-tems qu'il y aura seulement des possesseurs de terre & des

Laboureurs pour la cultiver, les Emprunteurs doivent être nombreux & l'intérêt haut, la rente pour la même Ferme pourroit être plus forte & d'un plus grand volume ; mais la même paresse du Seigneur de la terre & les prix plus hauts des commodités la dissiperoient dans le même tems, & de la même nécessité résulteroit la même demande pour emprunter (*a*).

(*a*) J'ai été informé par un Avocat très-habile, un homme qui sait & qui observe beaucoup, qu'il paroît par les anciens Régistres, qu'il y a environ quatre siécles, l'argent en Ecosse, & probablement par toute l'Europe, étoit seulement à cinq pour cent, & qu'il devint après à dix avant la découverte des Indes Occidentales. Ce fait est curieux, mais il seroit aisé de le concilier avec le raisonnement précédent. Les hommes alors vivoient si fort dans le particulier, & d'une maniere si simple & si fru-

Le cas est le même à l'égard de la seconde circonstance que nous nous sommes proposés de considérer, à savoir, le plus ou le moins de richesses pour satisfaire à cette demande. Cet effet dépend aussi des moeurs & des manieres de vivre d'un Peuple, & non de la quantité d'or & d'argent. Pour qu'il se trouve dans un Etat un grand nombre de Prêteurs, il ne suffit pas, il n'est pas même nécessaire qu'il y ait une grande abondance de ces métaux, il faut seulement que la propriété de cette quantité qui est dans l'E-

---

gale, qu'ils avoient peu de besoin d'argent, & quoique les Prêteurs fussent rares, les Emprunteurs l'étoient encore davantage. Les Historiens attribuent le haut prix de l'intérêt parmi les Romains des premiers tems aux fréquentes pertes qu'ils souffroient des invasions de l'ennemi.

tat, grande ou petite, ſoit ramaſſée dans des mains particulieres, de maniere à former des ſommes conſidérables, ou à compoſer un grand *intérêt d'argent.* C'eſt ce qui produit le grand nombre de Prêteurs & fait tomber le prix de l'uſure; & j'oſe avancer que ceci ne dépend pas de la quantité de l'eſpéce, mais des moeurs & des coûtumes particulieres, qui font que l'argent ſe ramaſſe en des ſommes ſéparées, ou en des maſſes de valeur conſidérable.

Car ſuppoſons qu'en une nuit, par miracle, on gliſſât dans la poche de chaque homme en Angleterre cinq livres ſterling, cela feroit beaucoup plus que doubler tout l'argent qui eſt à préſent dans le Royaume; & cependant ni le jour ſuivant, ni de quelque tems après, il n'y auroit pas plus de Prêteurs, & conſéquemment aucune altération dans l'intérêt. S'il n'y avoit dans l'état que des Seigneurs de terre & des Laboureurs, cet argent, quoique abondant, ne pourroit pas s'amasser en sommes, & serviroit seulement à augmenter le prix de chaque chose sans aucune autre conséquence. Le Seigneur de terre le prodigue aussi-tôt qu'il le reçoit ; le pauvre Paysan n'a ni les moyens, ni l'ambition d'obtenir autre chose que sa simple subsistance. Le nombre des Emprunteurs, au-dessus de celui des Prêteurs, continuant à être le même, il ne s'ensuivra aucune réduction d'intérêt ; elle dépend d'un autre principe, & ne peut venir que d'une augmentation d'industrie, de frugalité, d'Arts & de Commerce.

La terre produit toutes les choses utiles à la vie de l'homme, mais peu en sortent dans l'état requis pour les rendre utiles. Outre les Propriétaires de terre & les Laboureurs, il faut donc qu'il y ait une autre ſorte d'hommes, qui recevant des derniers ces productions dans leur groſſiereté travaillent à leur donner leur propre forme, & en retiennent une partie pour leur uſage & leur ſubſiſtance.

Dans l'enfance d'une Société ces contrats entre les Cultivateurs de la terre & les Artiſans, & entre une eſpéce d'Artiſans & une autre, ſe font d'ordinaire immédiatement par eux-mêmes, qui, étant voiſins, connoiſſent aiſément les néceſſités les uns des autres, & peuvent ſe prêter une aſſiſtance mutuelle pour y ſuppléer. Mais lorſque l'induſtrie des hommes augmente & que leurs vûes s'aggrandiſſent, il ſe trouve que les parties de l'Etat les plus éloignées les unes des autres peuvent s'assister réciproquement, aussi-bien que les plus contigues, & que cette communication de bons offices peut être portée à la plus grande extension. De-là l'origine des Marchands, l'espéce d'hommes la plus utile dans toute la Société, qui servent comme d'Agens entre ces différentes parties de l'Etat, qui ne se connoissent en aucune maniere, & qui ignorent les besoins les uns des autres. De-là il y a dans une Ville cinquante Ouvriers en soie & en laine, & mille personnes qui ont besoin de leur travail : ces deux sortes d'hommes si nécessaires les unes aux autres ont de la peine à se rencontrer, jusqu'à ce qu'un autre d'une troisiéme espéce ouvre une boutique †, où se rendent les

† *L'Auteur Anglois, en suivant à peu près*

Ouvriers & ceux qui ont besoin de

---

le même plan que M. Melon, *est, comme on l'a déja vû, d'avis différent sur plusieurs articles essentiels : celui-ci est de ce nombre. Voici ce que dit* M. Melon *sur les Marchands Boutiquiers :* » L'Ouvrier doit être long-tems apprentif, pour faire de bonne marchandise : à peine est-il nécessaire que le Vendeur la connoisse ; car si dans un instant il cessoit d'y avoir des Maîtres & Marchands Boutiquiers, les Manufacturiers n'auroient qu'à envoyer leurs Commis ou leurs Valets, avec leurs marchandises étiquetées de la Fabrique & du prix, & tout rentreroit dans l'ordre. Le Peuple dit sagement, en parlant des Maîtres & Marchands Merciers : Vendeurs de tout, Faiseurs de rien. *Cette Réflexion de M. Melon, paroît se sentir de l'humeur que lui ont inspirée ces grands garçons frisés & poudrés, dont toute l'occupation du matin au soir, est de se promener en long & en large dans la boutique ; en attendant qu'il vienne quelqu'un à qui auner du drap, du velours, ou du galon ; & il faut avouer que ces tra-*

leur travail. Dans cette Province il

---

vaux sédentaires & faciles conviendroient bien mieux à des Filles, dont un si grand nombre ne sont dans la misere que faute de travail. Mais la profession même du Marchand Boutiquier, quoique moins nécessaire que celle du Manufacturier, ne laisse pas d'être avantageuse à la Société, ainsi que M. Hume le démontre; & dès-lors il faut aussi des Apprentifs. Pour ces détails il y a sans doute à Paris trop de garçons de Boutique, d'où il résulte un trop grand nombre de Marchands de toute espéce, & c'est peut être un abus qu'entraîne nécessairement tout Commerce étendu, spécialement dans les grandes Villes, où par un effet de leur industrie, les uns font leur fortune en donnant leurs marchandises à bon marché, tandis qu'une quantité d'autres, en vendant les leurs beaucoup plus cher, gagnent à peine de quoi vivre. Ce qui prouve qu'en ce Commerce de détail, il y a plus à faire qu'à distribuer des marchandises étiquetées, il est bien vrai qu'un Marchand Boutiquier en achetant à bon marché, & vendant cher, peut faire une grande fortune, mais ne peut par ce

s'éleve une grande abondance, je ſuppoſe que c'eſt en bétail, en beurre & en fromage; mais on y manque de pain & de blé, qui dans la Province voiſine abondent de beaucoup au-delà de la conſommation des Habitans. Un homme fait cette découverte : il apporte du blé d'une Province & retourne avec du bétail, & pourvoyant ainſi aux beſoins des deux, il devient en cela leur Bienfaiteur commun. A meſure

---

ſeul Commerce augmenter d'un ſou le fonds des richeſſes nationales. Un ſimple Manufacturier y ajoûte plus par ſon travail en un an, que tous les Boutiquiers de Paris, quoique ces Marchands ſoient néceſſaires en tout Pays pour la facilité du Commerce. Seulement il ſeroit digne de l'attention d'une Police ſage d'empêcher qu'il n'y en eût un trop grand nombre, comme l'a remarqué l'Auteur d'un Diſcours ſur le Commerce, imprimé à Londres en 1689.

que le Peuple augmente en nombre & en induſtrie, la difficulté de leur correſpondance mutuelle devient plus grande. L'emploi de l'argent ou de la marchandiſe devient plus embarraſſé, & ſe diviſe, ſe ſubdiviſe, s'arrange & ſe mêle dans une plus grande variété. Dans toutes ces tranſactions il eſt néceſſaire & raiſonnable qu'une partie conſidérable des commodités & du travail appartiennent au Marchand, à la vigilance duquel on eſt redevable de la facilité de ſe les procurer.

Quelquefois il gardera ces commodités en nature, ou plus communément il les convertira en argent, qui eſt leur repréſentation commune. Si l'or & l'argent ont augmenté dans l'Etat avec l'induſtrie, il faudra une grande quantité de ces métaux pour repréſenter une grande quantité de commodités & de travail. Si l'induſtrie ſeule a augmenté, les prix de chaque choſe doivent tomber, & une très-petite quantité d'eſpéce ſervira de repréſentation.

Il n'y a rien que l'eſprit humain demande plus conſtamment, & d'une maniere plus inſatiable, que de l'exercice & de l'emploi ; & ce déſir paroît être le fondement de toutes nos paſſions & de toutes nos recherches. Privez un homme de toute affaire & de toute occupation ſérieuſe, il court ſans relâche d'un amuſement à un autre : le poids & l'oppreſſion dont ſa pareſſe l'accable ſont tels, qu'il oublie la ruine où l'entraîne ſa dépenſe immodérée. Donnez-lui une maniere plus innocente d'occuper ſon eſprit ou ſon corps, il eſt ſatisfait, & ceſſe d'éprouver cette ſoif du plaiſir que rien ne peut ſatisfaire. Mais ſi l'emploi que vous lui donnez lui devient utile, ſpécialement ſi le profit eſt attaché à chaque exercice particulier de ſon induſtrie, il a ſi ſouvent le gain devant les yeux, que par degrés il en fait l'objet de ſa paſſion, & ne connoît pas de plus grand plaiſir que celui de voir augmenter tous les jours ſa fortune. C'eſt ce qui fait que le Commerce augmente la frugalité, & que parmi les Marchands, les avares l'emportent ſur les prodigues, dans la même proportion qui ſe trouve des prodigues ſur les avares, parmi les poſſeſſeurs de terre.

Le Commerce augmente l'induſtrie, en la faiſant paſſer aiſément d'un Membre de l'Etat à l'autre, & ne permettant pas qu'aucun périſſe ou devienne inutile. Il augmente la frugalité en donnant de l'occupation aux hommes, & en les employant aux Arts lucratifs, qui bien-tôt attirent leur affection, & les éloignent du goût du plaisir & de la dépense. La conséquence infaillible de toute profession d'industrie est d'inspirer la frugalité & de faire prévaloir l'amour du gain sur l'amour du plaisir. Parmi les Avocats & les Médecins, qui ont quelque pratique, il y en a beaucoup plus qui dépensent moins que leur revenu, qu'il n'y en a qui l'excédent. Mais les Avocats & les Médecins n'engendrent aucune industrie, c'est même aux dépens des autres qu'ils acquiérent leurs richesses, de maniere qu'ils sont sûrs de diminuer les possessions de quelques-uns de leurs Concitoyens, aussi-tôt qu'ils augmentent les leurs. Les Marchands, au contraire, engendrent l'industrie, en servant comme de canaux pour la faire passer dans chaque partie de l'Etat ; & en même tems par leur frugalité ils acquiérent un grand pouvoir sur cette industrie, & amassent un fonds considérable de travail & de commodités, qu'ils ont en effet produites, comme en étant les principaux instrumens. Le Commerce est donc la seule profession qui puisse rendre considérable l'intérêt de l'argent, ou en d'autres termes, qui puisse augmenter l'industrie, & en augmentant aussi la frugalité, donner un grand pouvoir à cette industrie sur les Membres particuliers de la Société. Un Etat, sans Commerce, doit être composé principalement de gens qui ont des terres, dont la prodigalité & la dépense occasionnent un besoin continuel d'emprunt & de Paysans qui ne sont pas en état d'y satisfaire. L'argent ne ſe raſſemble jamais en fonds aſſez conſidérable pour qu'il puiſſe être prêté à intérêt. Il eſt diſperſé dans une infinité de mains, dont les unes le diſſipent en vaines magnificences, & les autres l'emploient à ſe procurer les néceſſités communes de la vie. Le Commerce ſeul le ramaſſe en ſommes conſidérables, & c'eſt l'effet uniquement & de l'induſtrie qu'il fait naître, & de la frugalité qu'il inſpire, indépendamment de la quantité de monnoie qui peut circuler dans l'Etat.

Ainſi une augmentation de Commerce, par une conſéquence néceſſaire & infaillible, produit un grand nombre de Prêteurs, ce qui fait baiſſer l'intérêt. Il nous faut conſidérer à préſent juſqu'où cette augmentation de Commerce diminue les profits qui réſultent de cette profeſſion, & comment elle fait naître

naître la troisiéme circonstance requise pour produire une diminution dans l'intérêt.

Il n'est pas hors de propos d'observer à ce sujet, que la modicité d'intérêt & celle de profit des marchandises, s'entraînent mutuellement l'une l'autre, & dérivent toutes deux originairement de ce Commerce étendu, qui produit les Négocians opulens, & qui rend l'intérêt de l'argent considérable. Où les Marchands possédent de grands fonds représentés par peu ou beaucoup de piéces de métal, il doit arriver souvent que, soit lorsqu'ils se lassent du Commerce, soit lorsqu'ils ont des héritiers qui n'y sont pas propres, ou qui ne veulent pas s'y adonner; il est naturel, dis-je, qu'ils cherchent à s'assûrer un revenu annuel & certain, proportionné à cette grande quantité de richesſes. L'abondance diminue le prix, & fait que les Prêteurs ſe contentent d'un intérêt plus bas. Cette conſidération en oblige pluſieurs à conſerver leurs fonds dans le Commerce, & à ſe contenter plutôt d'un petit profit, que de diſpoſer de leur argent à un ſi modique intérêt. D'un autre côté, lorſque le Commerce eſt devenu très-étendu & emploie de grands fonds, il doit parmi les Marchands naître des rivalités, qui diminuent les profits du Commerce, en même tems qu'elles augmentent le Commerce même †. Les profits modiques de la

† » Souvent même un Commerce peu » avantageux à chaque Négociant, l'eſt » beaucoup à la Nation : cela explique en » quel ſens on doit dire que le Commerce » eſt trop riche. Lorſqu'autrefois il alloit à » peine vingt-cinq ou trente Vaiſſeaux dans

marchandise induisent les Marchands à accepter plus volontiers un modique intérêt, lorsqu'ils quittent le Commerce & qu'ils veulent se reposer. Il est donc inutile de chercher laquelle de ces circonstances, à savoir l'intérêt modique, ou les profits modiques, est la cause,

---

» nos Isles de l'Amérique, les envois & les » retours étoient moins grands, mais plus » utiles pour chaque Négociant, qu'à pré» sent qu'il en va cinquante. Ainsi le Com» merce, devenu plus riche, d'une plus grande » quantité de Négocians qui y mettent leurs » fonds, devient moins profitable pour cha» cun d'eux, tandis que les profits de la » Nation en sont augmentés de la plus » grande quantité de denrées d'exportation » vendues, & d'importation achetées à meil» leur marché. «

M. MELON, *Essai Politique sur le Commerce, Chapitre X. de l'Importation & de l'Exportation.*

& laquelle eſt l'effet. Elles naiſſent toutes deux d'un Commerce étendu, & comme je l'ai déja dit, s'entraînent mutuellement.

Aucun homme n'acceptera de petits profits lorſqu'il peut avoir un gros intérêt, ni ne conſentira à un petit intérêt s'il peut avoir de gros profits. Un Commerce étendu, en produiſant de grands fonds, diminue & l'intérêt & le profit, & la diminution de l'un eſt toûjours proportionnée à celle de l'autre. Je puis ajoûter que comme les profits modiques ſont l'effet du Commerce & de l'induſtrie, ils ſervent à leur tour à faire faire au Commerce de nouveaux progrès, en rendant les denrées à meilleur marché, en augmentant la conſommation, & en aiguillonnant encore l'induſtrie. Ainſi ſi nous regardons l'entiere connexion des cauſes & des effets, l'intérêt est le vrai Baromètre de l'Etat ; lorsqu'il est bas, c'est un signe certain que le Peuple est florissant. C'est une preuve de l'augmentation de l'industrie & de sa prompte circulation dans tout l'Etat, peu inférieure à une démonstration ; & quoique peut-être il ne soit pas impossible qu'un échec considérable qui arrive tout à coup au Commerce, n'ait un effet momentané de même espéce, en faisant sortir de grands fonds du trafic, cet effet sera suivi de tant de misere, sur-tout parmi les pauvres qui ne trouveront pas à être employés, qu'outre son peu de durée il ne sera pas possible de prendre un cas pour l'autre.

Ceux qui ont assûré que l'abondance d'argent étoit la cause de la modicité de l'intérêt, paroissent avoir pris un effet collatéral pour une cauſe, puiſque la même induſtrie qui fait tomber l'intérêt, acquiert d'ordinaire une grande abondance d'argent. Une variété de belles Manufactures, avec des Marchands vigilans & entreprenans, l'attireront bien-tôt dans un Etat, s'il y en a quelque part dans le monde. La même cauſe en multipliant les aiſances de la vie, & en augmentant l'induſtrie, amaſſe de grandes richeſſes dans les mains de perſonnes qui ne ſont pas Propriétaires de terres, & par ce moyen fait tomber l'intérêt. Mais quoique ces effets, l'abondance d'argent & la modicité de l'intérêt, proviennent naturellement du Commerce & de l'induſtrie, ils ne laiſſent pas d'être abſolument indépendans l'un de l'autre : car ſuppoſons une Nation éloignée dans l'Océan pacifique, ſans aucun Commerce étranger, ſans aucune connoiſſance de navigation ; ſuppoſons que cette Nation poſſéde conſtamment le même fonds de monnoie, mais qu'elle va toûjours en augmentant dans ſon Commerce & ſon induſtrie, il eſt évident que le prix de chaque commodité doit diminuer par degré dans ce Royaume, puiſque c'eſt la proportion entre l'argent & les différentes eſpéces de biens qui fixe leur valeur mutuelle ; & dans la ſuppoſition préſente, les aiſances de la vie deviennent de jour en jour plus abondantes, ſans aucune altération ſur l'eſpéce courante. Donc parmi ce Peuple, dans des tems même d'induſtrie, un homme ſera plus riche, avec une moindre quantité d'argent, qu'il n'en faudroit pour cet effet dans des ſiécles d'ignorance & de pareſſe. Il faudra moins d'argent pour bâtir une maiſon, pour doter une fille, pour acheter une Terre, pour soûtenir une Manufacture, ou entretenir des Domestiques & des équipages. Voilà les usages pour lesquels les hommes empruntent de l'argent, & par conséquent la quantité plus ou moins grande qui en peut être dans un Etat, n'a aucune influence sur l'intérêt : mais il est évident qu'il en résulte une considérable du fonds de travail & de commodités, selon qu'il est plus ou moins riche, puisque réellement & en effet, c'est ce que nous empruntons, lorsque nous prenons de l'argent à intérêt. Il est vrai que lorsque le Commerce s'étend par tout le monde, les Nations les plus industrieuses abondent le plus en ces précieux métaux, de maniere qu'un intérêt modique & l'abondance d'argent, sont en effet presque inséparables. Mais il est

toûjours

toûjours de conséquence de connoître le principe qui produit un Phénomene, & de ne pas confondre la cause avec l'effet qui l'accompagne. Outre que la spéculation est curieuse, il se présente souvent des occasions d'en faire usage dans la conduite des affaires publiques. Au moins il faut avouer que rien ne peut être plus utile, que de perfectionner par la pratique, la maniere de raisonner sur ces sujets, qui sont de tous les plus importans, quoiqu'ils soient souvent traités avec le moins d'attention & de soin.

Une autre raison de cette erreur populaire, à l'égard de la cause de l'intérêt modique, paroît être l'exemple de quelques Peuples, où, après une acquisition soudaine de richesses par le moyen des conquêtes, l'intérêt a tombé non-seulement parmi eux, mais même dans tous les Etats voiſins, auſſi-tôt que l'argent a été diſperſé & s'eſt inſinué de toutes parts. Ainſi l'intérêt en Eſpagne tomba de près de moitié, après la découverte des Indes Occidentales, comme nous l'apprenons de Garcilaſſo de la Véga; & il a toûjours été depuis en diminuant par degrés dans tous les Royaumes de l'Europe. L'intérêt à Rome, après la conquête de l'Egypte, tomba de ſix à quatre pour cent, comme nous l'apprenons de Dion (*a*).

Les cauſes qui font tomber l'intérêt en de pareilles circonſtances, paroiſſent différentes dans les Pays conquérans & dans les Etats voiſins; mais ni dans les uns, ni dans

---

(*a*) Liv. 51.

les autres, nous ne pouvons attribuer cet effet, avec justice, qu'à l'augmentation d'or & d'argent.

Dans les Pays conquérans, il est naturel d'imaginer que cette nouvelle acquisition d'argent tombera dans peu de mains, où elle sera ramassée en sommes considérables, & que ceux qui les posséderont chercheront à se procurer un revenu assûré, soit en achetant des terres, soit en plaçant leur argent à intérêt ; & conséquemment il s'ensuit pour quelque tems le même effet que s'il y avoit eû une grande occasion d'industrie & de Commerce. Le nombre des Prêteurs se trouvant plus grand que celui des Emprunteurs, l'intérêt tombe, & d'autant plus vîte, si ceux qui ont acquis ces grosses sommes ne trouvent ni industrie, ni Commerce dans l'Etat, & n'ont pas d'autre maniere d'employer leur argent, que de le prêter à intérêt. Mais après que cette nouvelle maſſe d'or & d'argent aura été répandue, & que partagée en une infinité de parties, elle aura paſſé de main en main & circulé dans tout l'Etat, les choſes ſe remettront bien-tôt ſur leur ancien pié; attendu que les Seigneurs de terre & les nouveaux Poſſeſſeurs d'argent, vivans dans la pareſſe, dépenſent au-delà de leur revenu; que les premiers forment journellement de nouvelles dettes, & que les derniers anticipent ſur leur fonds juſqu'à ſon extinction finale. Le même argent peut être encore dans l'Etat, & ſe faire ſentir par l'augmentation des prix: mais n'étant plus à préſent ramaſſé en fortes parties, la proportion entre les Prêteurs & les Emprunteurs, eſt la même qu'anciennement, & par conſéquent l'intérêt remonte au même degré qu'auparavant.

Conformément à ces principes, nous trouvons que dès le tems de Tibère, l'intérêt à Rome étoit encore monté à ſix pour cent (*a*), quoiqu'il ne fût arrivé aucun accident qui eût épuiſé l'Empire d'argent. Dans le tems de Trajan, l'argent prêté ſur hypothéque en Italie portoit ſix pour cent (*b*); celui ſur des ſûretés ordinaires en Bithynie, douze (*c*): & ſi l'intérêt en Eſpagne n'eſt pas monté à ce degré étrange, on ne peut l'attribuer qu'à la même cauſe qui l'a fait tomber, à ſavoir aux fortunes prodigieuſes que l'on faiſoit continuel-

(*a*) *Columella*, *Lib.* 3. *Cap.* 3.

(*b*) *Plinii*, *Epiſt. Lib.* 7. *Ep.* 18.

(*c*) *Ibid. Lib.* 10. *Ep.* 62.

lement aux Indes : ces richeſſes qui de tems en tems entroient en Eſpagne, fourniſſoient de quoi répondre aux demandes des Emprunteurs. Par cette cauſe accidentelle & étrangere, il y a plus d'argent à prêter en Eſpagne ; c'eſt-à-dire, qu'il y a plus d'argent raſſemblé en fortes parties, que ſans cela l'on n'en trouveroit dans un Etat où il y a auſſi peu de Commerce & d'induſtrie.

A l'égard de la réduction d'intérêt qui a ſuivi en Angleterre, en France, & dans les autres Royaumes de l'Europe qui n'ont point de Mines ; elle s'eſt faite par degré, & n'eſt pas venue de l'augmentation d'argent conſidéré purement en lui-même, mais de l'augmentation de l'induſtrie, qui eſt l'effet naturel du premier accroiſſement dans cet intervalle, avant qu'il faſſe hauſſer le prix du travail & des denrées: car, pour retourner à la supposition précédente, si l'industrie d'Angleterre se fût autant accrue par d'autres causes (& cet accroissement eût pû aisément arriver, quoique le fonds d'argent fût resté le même) n'auroit-on pas vû suivre les mêmes conséquences que nous observons à présent? On auroit dans ce cas trouvé dans le Royaume le même Peuple, les mêmes commodités, la même industrie, même Manufactures, même Commerce, & par conséquent les mêmes Marchands avec les mêmes fonds; c'est-à-dire, la même demande sur le travail & les commodités, seulement représentée par un plus petit nombre de piéces jaunes ou blanches, circonstance peu importante, & qui ne peut regarder que le Voiturier, le Portefaix, ou le Bahutier.

Ainsi le Luxe, les Manufactures, les Arts, l'Industrie & la Frugalité fleurissant également à présent, il est évident que l'intérêt doit aussi être modique; puisque c'est le résultat nécessaire de toutes ces circonstances, d'autant qu'elles déterminent les prix du Commerce dans tout Etat, & la proportion entre les Prêteurs & les Emprunteurs.

DISCOURS V.

De la Balance du Commerce.

IL eſt très-ordinaire parmi les Peuples qui ignorent la nature du Commerce, de défendre l'exportation des commodités, & de vouloir conſerver parmi eux tout ce qu'ils croient utile ou précieux. Ils ne conſidérent pas que par cette défenſe ils agiſſent directement contre leurs intentions, & que plus il s'exportera de quelque denrée que ce ſoit, plus on en cultivera dans le Pays, & qu'ils en auront toûjours la premiere offre †.

† » Le fonds de richeſſes d'un Royaume, » ou le revenu par lequel il peut ſe pour-

C'eſt un fait connu des Savans que les anciennes Loix d'Athènes rendoient l'exportation des Figues criminelle ; ce fruit étant ſuppoſé d'une eſpéce ſi parfaite dans l'Attique, que les Athéniens le trouvoient trop délicieux pour la bouche d'un Etranger. Cette défenſe ridicule étoit une choſe ſi ſérieuſe que c'eſt de-là que les Délateurs ont été parmi eux appellés *Sycophantes*, de deux mots Grecs qui

---

» voir de ce qui lui manque, eſt naturel
» ou artificiel. Les richeſſes naturelles ſont
» la quantité de denrées qu'un Etat peut
» épargner ſur ſa conſommation, pour être
» exportées à l'Etranger. Les richeſſes arti-
» ficielles conſiſtent dans ſes Manufactures,
» & dans ſon induſtrie, à trafiquer ou échan-
» ger ces mêmes denrées ſuperflues, contre
» les marchandiſes étrangeres dont il a be-
» ſoin, &c. «

M. MUN, *Chapitre III.*

ſignifient *Figue & Déceleur* (*a*). J'ai ſouvent entendu dire que pluſieurs anciens Actes de notre Parlement ont été dictés par la même ignorance dans la nature du Commerce. Juſqu'à ce jour, dans un Royaume voiſin, la ſortie du blé eſt preſque toûjours défendue, pour prévenir, comme on dit, les famines, quoiqu'il ſoit évident que rien ne contribue davantage aux famines fréquentes qui affligent ſi ſouvent ce fertile Pays †.

(*a*) *Plutarchus*, *De Curioſitate*.

† Il n'eſt point d'Auteur inſtruit ſur ces matieres qui ne ſoit de l'avis de M. HUME, & ſur ce point le raiſonnement eſt confirmé par l'expérience. Une pratique totalement oppoſée à la nôtre, prévient conſtamment en Angleterre les diſettes qui arrivent ſi ſouvent en France : on y donne une récompenſe à ceux qui font ſortir les grains lorſqu'ils n'excédent pas un certain prix ; elle

La même jalousie à l'égard de

---

est de cinquante-quatre sols par septier de froment du poids de deux cens quarante livres, lorsqu'il n'est qu'à vingt-sept livres & au-dessous; lorsqu'il passe ce prix la récompense n'est plus accordée, mais la liberté du transport reste. C'est en 1689. que le Parlement d'Angleterre fit ce Réglement si sage : la Nation avoit été exposée jusqu'alors aux mêmes inconvéniens que la France, & avoit souvent eu recours aux Etrangers pour sa subsistance. Depuis, l'Angleterre n'a point éprouvé de famine, quoiqu'elle exporte annuellement des quantités immenses de grains. On prétend que dans les cinq années écoulées depuis 1746. jusqu'en 1750. il y a eu près de cinq millions neuf cens six mille Quartiers de bleds de toutes les qualités exportés : le prix commun à une livre huit sols sterling, ou trente-deux livres dix-huit sols tournois : ce seroit une somme d'environ huit millions deux cens dix mille livres sterling, ou cent quatre-vingt huit millions huit cens trente mille livres tournois. Voyez le Chapitre *de l'Agriculture*,

l'argent a aussi prévalu parmi plu-

---

dans *les Elémens du Commerce*, & celui *des Bleds & de la Culture en général*, dans l'Ouvrage de M. DE DANGEUL, où l'on trouve un Extrait de l'Acte du Pariement d'Angleterre, qui institue la gratification dont je viens de parler, & le détail des richesses immenses dont cet Acte a été la source. On ne peut savoir trop de gré à ces deux Auteurs d'avoir travaillé si solidement à détruire un préjugé qui n'est que trop enraciné parmi nous, quelque contraire qu'il soit au Commerce, & à l'Agriculture même qui en est la base.

Le Lecteur qui voudra se mettre totalement au fait de cette matiere, doit consulter sur-tout l'*Essai sur la Police génerale des Grains*, qui a été imprimé en cette année 1754. (on en trouvera quelques Exemplaires à Paris chez Lambert, Libraire, proche la Comédie Françoise.) Cet Ouvrage qui ne peut venir que d'un Citoyen, dont le zèle pour le bien public égale les lumieres, paroît mériter toute l'attention du Ministere. » N'y a-t-il pas lieu, dit l'Auteur, *page* 4.

sieurs Nations : on avoit besoin de la raison & de l'expérience pour convaincre les Peuples que ces défenses ne servent qu'à tourner le change contre eux, & à produire encore une plus grande exportation †.

» d'être surpris que les Etats qui produisent » le moins de grains soient ceux qui nous » en fournissent le plus ? Dans les tems de » disette, la Hollande, peu fertile, sert de » grenier à la France septentrionale : la » Barbarie, cet Etat mal policé, vient au » secours des Contrées méridionales. «

† » Disons encore un mot sur le transport de l'argent à l'Etranger, que la plûpart ont regardé comme pernicieux. » Pensent-ils que c'est un présent qu'on fait ? » Si la balance du Commerce est inégale, » nous ne pouvons solder que par-là : si » elle est égale, l'Etranger devient notre » débiteur, notre tributaire, & le change » nous sera toûjours avantageux. Il semble » que pour détruire ce préjugé, il ne faut

On peut dire que ces erreurs sont grossieres & palpables; mais à l'égard de la balance du Commerce, parmi les Nations même qui l'entendent le mieux, une forte jalousie prévaut encore: elles craignent toûjours que tout leur or & leur argent ne les quittent. Cette crainte cependant me paroît entiérement dépourvûe de fondement dans presque tous les cas. J'appréhenderois aussi-tôt de voir tarir toutes nos sources & nos rivieres, que de

---

» qu'en présenter le ridicule, & cependant » il n'est pas encore détruit. Il étoit si » grand au commencement du dernier siécle, qu'il fut proposé de ne permettre le » Commerce étranger que par échange de » notre part: c'étoit l'anéantir, ou du » moins le réduire au premier Commerce » des Sauvages. «

M. MELON, *Essai sur le Commerce, Chapitre du Change.*

voir l'argent abandonner un Royaume, où il y a du Peuple & de l'industrie. Conservons soigneusement ces derniers avantages, & nous n'aurons jamais à craindre de perdre le premier.

Il est aisé de remarquer que tous les calculs touchant la balance du Commerce sont fondés sur des suppositions & des faits incertains. On convient que les Régistres des Doüanes ne sont pas un fondement suffisant pour en pouvoir raisonner. Le prix du change n'est guère meilleur, à moins que de le comparer avec celui de toutes les Nations, & de connoître aussi les proportions des différentes sommes remises, ce que l'on peut assûrer hardiment être impossible. Tout homme, qui a raisonné sur ce sujet, a toûjours prouvé sa Théorie, quelle qu'elle fût, par des faits & par des calculs,

calculs, & par un détail de toutes les commodités que l'on envoie à l'Etranger.

Les Ecrits de M. GÉE (*a*) frapperent la Nation d'une terreur universelle, quand on vit qu'il démontroit clairement par un détail de particularités, que la balance étoit contre elle pour une somme si considérable, que dans cinq ou six ans elle devoit rester sans un scheling : mais heureusement vingt ans se sont depuis écoulés, avec une guerre étrangere très-coûteuse ; & cependant on suppose communément que l'argent est encore plus abondant parmi nous, que dans aucune autre époque des tems qui ont précédé.

(*a*) *The Trade And Navigation of Great-Britain. Chap. XXXIV.*

Rien n'eſt plus amuſant ſur ce ſujet que les Ouvrages du Docteur Swift, Auteur qui a plus d'eſprit que de connoiſſance, plus de goût que de jugement, plus d'humeur, de préjugé & de paſſion que de quelque autre qualité que ce ſoit. Il dit dans ſon court examen de l'état de l'Irlande, que tout l'argent de ce Royaume ne monte qu'à cinq cens mille livres ſterling ; que de ce fonds on en remettoit tous les ans près d'un million à l'Angleterre, & que les Irlandois n'avoient preſque aucun moyen de faire quelques compenſations & peu de Commerce étranger, que par l'importation des vins de France qu'ils payent en argent comptant. La conſéquence de cette ſituation, que l'on doit avouer être déſavantageuſe, étoit que dans le cours de trois ans, l'argent monnoyé d'Irlande de cinq cens mille livres ſterling, ſeroit réduit à moins de deux cens mille. Aujourd'hui, ſuivant ce calcul, ce fonds doit donc abſolument être réduit à rien : cependant je ne comprens pas comment cette opinion de la ruine entiere de l'Irlande, qui a cauſé tant d'indignation à ce Docteur, paroît continuer encore, & s'accrédite même de plus en plus parmi tant de gens.

Enfin la Balance du Commerce eſt de telle nature, que toutes les fois qu'un homme eſt mécontent du Miniſtere, ou qu'il a des vapeurs, elle lui paroît toûjours contraire ; & comme on ne peut le réfuter par un détail particulier de toutes les exportations, qui contrebalancent les importations, il eſt plus à propos de répondre ici à ces vaines déclamations par un argument général, qui prouve l'impoſſibilité de cet événement, aussi long-tems que nous conserverons notre Peuple & notre industrie.

Supposons que quatre parties de tout l'argent de la Grande-Bretagne fussent anéanties dans une nuit, & qu'à cet égard la Nation fût réduite à la même condition qu'elle étoit sous les Regnes des Henris & des Edouards; quelle en seroit la conséquence? Le prix du travail & des denrées ne tomberoit-il pas à proportion, & chaque chose ne seroit-elle pas à aussi bon marché qu'elle l'étoit de ce tems-là? Quelle Nation pourroit alors nous le disputer dans le Commerce avec l'Etranger, ou prétendre de naviguer, ou de vendre le produit de ses Manufactures au même prix qui nous apporteroit un profit suffisant? En combien peu de tems donc cet avantage ne nous seroit-il pas revenir tout l'argent que nous aurions perdu, ce qui nous remettroit tout de ſuite de niveau avec toutes les Nations voiſines. A peine y ſerions-nous arrivés, que nous perdrions de nouveau cet avantage du bon marché, du travail & des commodités: ainſi ce flux ſurabondant d'argent ſeroit arrêté par notre plénitude & notre réplétion.

Je ſuppoſe encore que tout l'argent de la Grande-Bretagne vînt à quadrupler dans une nuit, l'effet contraire n'arriveroit-il pas néceſſairement ? Ne faudroit-il pas que tout le travail & les commodités montaſſent à un prix ſi exorbitant qu'aucune Nation ne ſeroit en état d'acheter de nous ? tandis que de l'autre côté leurs commodités deviendroient à ſi bon marché, en comparaiſon des nôtres, qu'en dépit de toutes les Loix que l'on pourroit faire, elles entreroient chez nous, & que notre argent en sortiroit, jusqu'à ce que nous fussions redevenus de niveau avec les Etrangers, & que nous eussions perdu cette grande supériorité de richesses qui nous auroit exposés à ces désavantages.

Il est donc évident que les mêmes causes qui corrigeroient ces inégalités exorbitantes, si quelque miracle venoit à les produire, doivent les empêcher d'arriver dans le cours ordinaire de la nature, & conserver pour jamais, dans toutes les Nations voisines, l'argent proportionné à l'art & à l'industrie de chaque Peuple.

Toute l'eau, quelque part qu'elle se communique, demeure toûjours de niveau. Demandez-en la raison aux Naturalistes ; ils vous diront que si elle avoit à s'élever dans un endroit, la gravité supérieure de cette partie n'étant pas balancée, doit l'abbaisser, jusqu'à ce qu'elle rencontre un contrepoids; & que la même cause qui réprime l'inégalité quand elle arrive, doit la prévenir pour toûjours, à moins de quelque opération violente & extérieure (*a*).

Peut-on imaginer qu'il eut jamais été possible par quelque Loi, ou même par quelque Art ou industrie

---

(*a*) Il y a une autre cause, quoique plus limitée dans son opération, qui maintient juste la balance du Commerce dans chaque Nation où le Royaume trafique. Lorsque nous importons plus de denrées, que nous n'en exportons, le change tourne contre nous, & c'est un nouvel encouragement pour exporter jusqu'où montent les frais de voiture, & les assûrances de l'argent; car le change ne peut pas monter plus haut que cette somme.

que ce fût, de conſerver en Eſpagne tout l'argent que les Gallions ont apporté des Indes ? Ou que toutes les commodités pourroient être vendues en France pour la dixiéme partie du prix qu'elles auroient coûté de l'autre côté des Pyrénées, ſans trouver le moyen de s'y introduire, & par conſéquent de diminuer cet immenſe tréſor ? Quelle autre raiſon, en vérité, peut-on donner du gain que font à préſent toutes les autres Nations, dans leur Commerce avec l'Eſpagne & le Portugal, ſi ce n'eſt, qu'il en eſt de l'argent comme d'un fluide, qu'il eſt impoſſible d'amaſſer au-deſſus de ſon propre niveau.

Les Souverains de ces contrées ont aſſez témoigné l'envie qu'ils auroient eû de garder pour eux-mêmes leur or & leur argent, ſi la chose eût été possible †: mais com-

---

† M. MUN, *dans son excellent Ouvrage sur le Commerce étranger d'Angleterre, que je cite si souvent, a fait un Chapitre exprès, c'est le sixiéme, pour prouver que toutes les défenses du Roi d'Espagne ne peuvent empêcher que l'argent ne sorte de ses Etats.* » Aussi, comme le remarque M. LOCK, » c'est un crime en Espagne que de transporter les espéces; malgré cela, elles » sortent en plein jour, & elles suivent le » courant du Commerce, nonobstant la ri- » gueur de la Loi. « *Some considerations of the consequences, of the lowering, of interest, and raising, the value, of money.*

Enfin un Espagnol lui-même, le premier qui ait entrepris d'éclairer ses Compatriotes, en adoptant ces principes, ne craint pas d'avancer que: » Les prohibitions & les » Loix pénales, même celles qui emportent » avec elles la perte des biens & de la vie, » n'empêchent point la sortie de l'or & de » l'argent d'un Pays; que des siécles entiers » d'expérience prouvent leur insuffisance, » tant en Espagne, que dans d'autres Pays,

me tout corps d'eau peut-être élevé au-dessus du niveau de l'Elément qui l'environne, pourvû qu'il n'y ait aucune communication entre les deux ; de même à l'égard de l'ar-

---

» & que l'on n'a encore pû imaginer d'au- » tre précaution un peu sûre contre cette » extraction, que d'empêcher que l'Espagne » ne fût débitrice des autres Etats. « *Théorie & Pratique du Commerce & de la Marine de Don Geronymo* DE UZTARIZ, *Chapitre XVII.* A Paris, chez la Veuve Etienne & Fils, rue Saint Jacques, 1753. Cet Ouvrage parut pour la premiere fois en Espagnol en 1724. il n'a pas été inutile aux Anglois qui ont écrit depuis sur le Commerce ; il est rempli de détails très-instructifs pour ceux qui veulent étudier cette grande partie. L'Auteur des *Elémens du Commerce*, à qui nous en devons la Traduction, l'a accompagnée de Notes qui en relevent le prix, & qui prouvent que rien de ce qui regarde le Commerce ne lui est étranger.

gent, si par quelque empêchement matériel & physique (car toutes les Loix seules seroient insuffisantes) la communication en est coupée; il se peut qu'en pareil cas, il se trouve une grande inégalité d'argent avec les autres Pays. Ainsi la distance immense de la Chine & les Monopoles de nos Compagnies des Indes, empêchant la communication, conservent en Europe l'or & sur-tout l'argent dans une beaucoup plus grande abondance qu'on ne les trouve dans ce Royaume.

Mais malgré cette grande obstruction, la force des causes dont j'ai parlé, est toûjours évidente. En général il y a en Europe beaucoup plus d'habileté & d'adresse qu'à la Chine, à l'égard des Arts manuels & des Manufactures; cependant nous n'avons jamais été en état de trafiquer en ce pays-là sans de grands désavantages ; & sans les remplacemens continuels que nous recevons de l'Amérique, l'argent tomberoit bien-tôt en Europe, & monteroit à la Chine jusqu'à être presque de niveau dans l'une & dans l'autre Contrée. Aucun homme raisonnable ne peut douter que si cette Nation industrieuse étoit aussi voisine de nous que la Pologne ou la Barbarie, elle n'épuisât le surplus de notre espéce, & n'attirât à elle la partie la plus considérable des trésors des Indes Occidentales. Pour expliquer la nécessité de cette opération, nous n'avons pas besoin d'avoir recours à une attraction physique. Il y a une attraction morale résultante des intérêts & des passions des hommes, qui n'est ni moins puissante, ni moins infaillible.

La Balance peut-elle être conservée dans les Provinces de chaque Royaume entre elles, autrement que par la force de ce principe, qui fait qu'il est impossible à l'argent de perdre son niveau, & de hausser ou de baisser au-delà de la proportion du travail & des commodités qui sont dans chaque Province. Si une longue expérience ne nous rassûroit pas à ce sujet, quel fonds de tristes réflexions ne nous offriroit pas un mélancolique Campagnard de la Province d'Yorck, dans des calculs où il supputeroit & amplifieroit toutes les sommes que Londres tire par les taxes, les commodités, &c. tandis qu'en comparaison les articles opposés se trouveroient si inférieurs ? Il n'est pas à douter que si l'Heptarchie eût subsisté en Angleterre, le Ministere de chaque Etat n'eût été continuellement alarmé par la crainte d'avoir contre ſoi la balance ; & comme il eſt probable que la haine mutuelle de ces Etats eût été extrèmement violente, à cauſe de leur étroit voiſinage, chaque Gouvernement eût chargé & opprimé tout Commerce par des précautions ſuperflues.

Depuis que l'union de l'Angleterre & de l'Ecoſſe a ſupprimé les barrieres qui les ſéparoient, laquelle de ces deux Nations gagne-t-elle ſur l'autre par ce libre Commerce ? Si l'Angleterre a reçu quelque augmentation de richeſſes, peut-on l'attribuer à autre choſe qu'à ſon augmentation d'art & d'induſtrie. Nous apprenons par l'Abbé DU BOS (*a*) qu'avant la réunion, on appréhendoit communément en An-

(*a*) Les intérêts d'Angleterre mal entendus.

gleterre que ses trésors ne passassent en Ecosse, si-tôt qu'un Commerce ouvert y seroit permis; les Ecossois eux-mêmes craignoient exactement tout le contraire : le tems a fait voir si de part & d'autre on avoit raison.

Ce qui arrive en de petites portions du Genre humain, doit avoir lieu en de plus grandes. Les Provinces de l'Empire Romain gardoient sans doute leur balance entre elles & avec l'Italie, indépendamment des attentions du Gouvernement; aussi-bien que les différentes Provinces de l'Angleterre, ou les différentes Paroisses de chaque Province. Tout homme aujourd'hui qui voyage en Europe, peut voir par les prix des denrées, que l'argent en dépit de l'absurde jalousie des Princes & des Etats, s'est mis de lui-même à peu près de niveau, & que la différence entre un Royaume & un autre, n'eſt pas plus grande, à cet égard, qu'elle l'eſt ſouvent entre les différentes Provinces du même Royaume. Les hommes ſe raſſemblent naturellement dans les Capitales, dans les Ports de mer, ou ſur les rivieres navigables. Là nous trouvons plus d'hommes, plus d'induſtrie, plus de travail, & par conſéquent plus d'argent; mais la derniere différence eſt encore en proportion avec la premiere, & le niveau eſt toûjours conſervé (*a*).

(*a*) Il faut obſerver avec ſoin que dans tout ce Diſcours, par-tout où je parle du niveau de l'argent, j'entens toûjours ſon niveau proportionné aux commodités, au travail, à l'induſtrie & à l'habileté qui eſt dans chaque Etat; j'oſe aſſûrer que dans les Pays où ces avantages ſont le double, le

Notre jalousie & notre haine, à l'égard de la France, sont sans bornes, & il faut avouer que le premier sentiment est très-raisonnable & très-bien fondé. Ces passions ont occasionné des barrieres innombrables, & les plus fortes obstructions au Commerce, où nous sommes

---

triple, le quadruple de ce qu'ils sont dans les autres Etats, l'argent sera aussi infailliblement double, triple ou quadruple. La seule circonstance qui peut détruire l'exactitude de ces proportions, sont les frais de transport des commodités d'un lieu à un autre, & ces frais sont quelquefois inégaux. Ainsi le blé, le bétail, le fromage & le beurre de la Province de Derby ne peuvent tirer d'argent de Londres, autant que les Manufactures de Londres en tirent de Derby. Mais cette objection n'est qu'apparente, car autant le transport des commodités est coûteux, autant la communication entre les Places trafiquantes est embarrassée & imparfaite.

accusés d'être ordinairement les Aggresseurs : mais qu'avons-nous gagné à ce marché ? Nous avons perdu le Commerce de nos Manufactures de laine que nous avions avec la France, & nous avons transféré celui du vin à l'Espagne & au Portugal, où nous achetons à plus haut prix une beaucoup plus mauvaise liqueur. Il y a peu d'Anglois qui ne crussent leur pays absolument ruiné, si l'on vendoit en Angleterre les vins de France à si bon marché & en telle abondance, qu'ils pussent, s'il est permis de parler ainsi, supplanter toute l'Aile (*a*) & les autres liqueurs qui se brassent chez nous †.

(*a*) Sorte de Biere sans Houblon.

† *Quoique la façon de penser de* M. GÉE *soit tout autre que celle de* M. HUME, *la réflexion qu'il fait à ce sujet ne laisse pas de*

Mais en n'écoutant pas le pré-

---

prouver la même chose. Elle mérite d'être rapportée en son entier, attendu qu'elle ne tient pas moins à ce qui regarde les mœurs, qu'à ce qui intéresse le Commerce : » Avant
» le commencement de la Guerre du Roi
» Guillaume, notre grande consommation
» de vins étoient ceux de France ; & les
» plus chers de ceux que nous en tirions
» annuellement, n'excédoient pas dix-huit
» ou vingt livres sterling par tonneau. Le
» vin de Florence étant le plus cher & le
» plus rare, étoit généralement celui qui
» étoit le plus estimé. La défense des vins
» de France les rendit bien-tôt chers, &
» conséquemment ils devinrent les plus à la
» mode ; & celui qui payoit le plus cher
» pour son Claret (*vin de Bourdeaux*) passa
» pour le Gentilhomme le plus accompli.
» Les Particuliers de Bourdeaux qui pou-
» voient garder leur vin trouverent aussi-tôt
» notre foible ; & au-lieu de vendre leurs
» meilleurs vins aux mêmes prix qu'avant
» la guerre les firent monter à quatre-vingt
» livres sterling ou plus par tonneau, &

jugé, il ne ſeroit peut-être pas difficile de prouver que rien ne pourroit être plus innocent, peut-être plus avantageux †. Chaque nouvel

---

» quelques Marchands particuliers aimerent » mieux les tenir à ces hauts prix, que de » les avoir à meilleur marché. Je reprochai » à un de ces Marchands la grande folie que » je croyois que c'étoit de renchérir ces » prix ſur nous-mêmes. Il me répondit que » plus les prix que ce vin leur coûtoit, » étoient chers au-dehors, plus grands étoient » les profits qu'ils étoient sûrs de faire à le » vendre; que les gens riches ne le trou» veroient pas bon, à moins qu'il ne leur » coûtât cinq ou ſix ſchelings la bouteille; » cependant je crois que l'on pourroit remé» dier à ce mal, & qu'on pourroit avoir » ces vins à beaucoup meilleur marché; car » aucune autre Nation ne peut les payer la » moitié de ce que nous en donnons à pré» ſent. «

† M. MUN, *dont le ſentiment doit être d'une grande autorité, dans tout ce qui re-*

---

garde le Commerce de son Pays, remarque que l'Angleterre perd souvent au-lieu de gagner, en chargeant l'entrée de certaines denrées de droits excessifs. » Nous devons faire » attention, dit-il, que tout le dommage » de cette espéce que nous faisons supporter » aux Etrangers, devient à l'instant dans » leur Pays une Loi contre nous, spéciale- » ment dans ceux où nous faisons notre plus » grand Commerce, avec des voisins atten- » tifs, qui savent profiter de l'occasion, & » trouver les moyens pour s'assûrer dans » leur trafic des priviléges égaux à ceux des » autres Nations; & qu'ainsi nous nous pri- » vions nous-mêmes de cette liberté & de » ces ressources, que nous aurions pour » augmenter le trésor de l'Etat, & qu'en » même tems nous perdons la vente de » beaucoup de commodités que nous por- » terions en diverses Places, par où nous » diminuons tout à la fois notre Commerce » & notre trésor. Si la balance du Com- » merce est contre nous, il faut que notre » argent sorte du Royaume; comment pré-

pour fournir des vins à l'Angleterre, obligeroit les François pour subsister eux-mêmes de recevoir le produit d'un Acre Anglois semé en blé ou en orge, & il est évident que nous gagnerions par-là l'avantage de la meilleure denrée.

Il y a plusieurs Edits du Roi de France qui défendent de planter de

---

» venir ce mal ? en liant les mains aux Etran-
» gers & en les laissant libres aux Anglois.
» Les mêmes raisons & les mêmes avanta-
» ges ne feront-ils pas faire à ceux-ci ce
» qui étoit fait auparavant par les premiers ?
» Ou si nous faisons un Réglement, sans
» exemple, pour retenir également les uns
» & les autres, ne renverserons-nous pas
» tout d'un seul coup ? Une pareille restric-
» tion doit nécessairement détruire beau-
» coup de Commerce, & par conséquent
» diminuer les droits du Roi & les profits du
» Royaume, &c. «
Chapitre X.

nouvelles vignes, & qui ordonnent que toutes celles qui ont été nouvellement plantées seront arrachées, tant on est convaincu en ce Pays de la valeur supérieure du blé sur toute autre production.

Le Maréchal DE VAUBAN se plaint souvent, & avec raison, des droits absurdes dont on charge l'entrée des vins de Languedoc, de Guyenne, & des autres Provinces méridionales, qui s'envoient en Bretagne & en Normandie. Il ne doute pas que ces dernieres Provinces ne pussent conserver leur balance, malgré le Commerce ouvert qu'il propose. Il est évident que quelques lieues de plus de navigation en Angleterre ne feroient aucune différence, ou s'il en arrivoit quelqu'une, que son effet se porteroit également sur les commodités des deux Royaumes.

Il y a, à la vérité, un moyen par lequel on peut faire baisser, & un autre par lequel on peut faire hausser l'argent au-dessus de son niveau naturel en quelque Royaume que ce soit ; mais ces cas, lorsqu'ils seront bien examinés, rentreront dans notre Théorie générale, & lui donneront encore une nouvelle autorité.

Je ne connois point de méthode plus sûre, pour faire tomber l'argent au-dessous de son niveau, que ces établissemens de Banques, de fonds & de papiers de crédit, dont nous sommes si infatués en ce Royaume. Ces Banques rendent le papier équivalent à l'argent, le font circuler dans tout l'Etat, lui font tenir lieu d'or & d'argent, haussent en proportion le prix du travail & des commodités, & par ce moyen, ou font sortir une grande partie de ces précieux métaux, ou les empêchent

de

de s'accroître davantage. Que nos raisonnemens sur ce sujet montrent combien nous avons la vûe courte! Nous nous imaginons que parce qu'un individu seroit beaucoup plus riche, si son fonds d'argent étoit doublé, que le même effet avantageux arriveroit si l'argent de chaque Particulier augmentoit; ne considérant pas que le prix de toute chose hausseroit d'autant, & réduiroit par-là chacun avec le tems à la même condition qu'auparavant. C'est seulement dans nos Négociations publiques, & dans nos engagemens avec les Etrangers, qu'un plus grand fonds d'argent est avantageux; & comme là nos papiers ne sont absolument d'aucune valeur, nous sentons par ces moyens tous les mauvais effets que produit une grande abondance d'argent, sans recueillir aucun des avantages.

Suppoſons qu'il y a douze millions de papier qui circulent dans le Royaume comme de l'argent, (car nous ne devons pas imaginer que tous nos fonds énormes ſont employés dans cette forme) & ſuppoſons que l'argent réel du Royaume monte à dix-huit millions. Voici un Etat qui, comme l'expérience le démontre, peut ſoûtenir un fonds de trente millions. Je dis que s'il eſt en état de le ſoûtenir, il l'eût acquis néceſſairement en or & en argent, ſi nous n'euſſions empêché l'entrée de ces métaux par cette nouvelle invention de papiers. D'où auroit-il tiré cette ſomme? De tous les Royaumes du monde? Mais pourquoi? Parce que ſi vous ôtez ces douze millions, l'argent eſt dans l'Etat au-deſſous de ſon niveau comparé avec nos voiſins, & faut qu'auſſi-tôt nous tirions d'eux tous, jusqu'à ce que nous soyons pleins, & que, pour ainsi dire, nous n'en puissions plus tenir. Par notre sage politique, nous sommes si soigneux de farcir la Nation de cette belle denrée de Billets de banque & autres papiers, qu'il semble que nous ayons peur d'être surchargés d'or & d'argent †.

---

† *On ne peut pas, sur un article d'une si grande conséquence dans le Commerce, être d'avis plus diamétralement opposés, que le sont* M. HUME *&* M. MELON. *L'Auteur François regrette ce dont l'Anglois se plaint.*

» La circulation des fonds est une des » grandes richesses de nos voisins; leur » Banque, leurs Annuités, leurs Actions, » tout est Commerce chez eux. Les fonds » de notre Compagnie seroient comme » morts, dans le tems que ses Vaisseaux les » transportent d'une Partie du monde dans » l'autre, si par la représentation des actions » sur la Place, ils n'avoient une seconde

Il n'eſt pas à douter que la grande abondance de matiere en France, eſt en grande partie dûe au manque de papier de crédit. Les

---

» valeur réelle, circulante, libre, non » exigible, & par conſéquent non ſujette » aux inconvéniens d'une monnoie de cré» dit, & en ayant néanmoins des propriétés » eſſentielles. « *Chapitre VI. Des Compagnies excluſives.*

L'avantage de la France eſt inconteſtable dans les cas de néceſſités publiques. A l'égard du Commerce, celui de l'Angleterre, que l'on fait conſiſter dans cette multitude de papiers circulans, eſt comme on voit encore problématique en Angleterre même. Pluſieurs Auteurs judicieux qui ont écrit ſur ces matieres ſont de l'avis de M. Hume, même de ceux à qui on ne peut refuſer & le titre & l'autorité d'Hommes d'Etat. Je n'en nommerai qu'un, c'eſt Mylord Bolingbroke, dont le ſuffrage en Politique ſera toûjours du plus grand poids. Je renvoie le Lecteur à ſes RÉFLEXIONS ſur l'Etat préſent d'ANGLETERRE.

François n'ont point de Banque. Les Billets des Négocians ne circulent pas parmi eux, comme parmi nous. L'usure, ou le prêt sur intérêt, n'est point directement permis chez eux. Ainsi plusieurs Citoyens ont des sommes considérables dans leurs coffres. Il y a beaucoup d'argenterie dans les maisons particulieres, & toutes les Eglises en sont pleines. Par ce moyen les denrées & le travail sont encore à beaucoup meilleur marché parmi eux, que chez des Nations qui ne sont pas la moitié si riches en or & en argent. L'avantage de cette situation en fait de Commerce, aussi-bien que dans le cas des nécessités publiques, est trop évident pour être disputé.

Le même usage, qui a lieu en Angleterre & en Hollande, de se servir de porcelaine au-lieu de vaisselle d'argent, prévalut il y a quelques années à Gènes ; mais le Sénat, qui en prévit ſagement les conſéquences, défendit qu'on ſe ſervît de cette brillante commodité au-delà d'une certaine proportion, tandis qu'il laiſſa l'uſage de la vaiſſelle d'argent illimité. Je ſuppoſe que la République, dans les dernieres extrémités où elle a été réduite depuis peu, a reſſenti les bons effets de cette ſage Ordonnance (*a*).

Avant l'introduction des papiers de crédit dans nos Colonies, elles avoient aſſez d'or & d'argent pour leur circulation : depuis l'introduction de cet effet, le moindre des inconvéniens qui en ſoient réſultés eſt le banniſſement total de ces

(*a*) Dans cette vûe, notre taxe ſur la vaiſſelle d'argent eſt peut-être contre la bonne politique.

précieux métaux †. Or après l'abolition du papier, peut-on douter que l'argent n'y retourne, tandis que ces Colonies posséderont les Manufactures & les commodités, les seules choses estimables dans le Commerce, & pour lesquelles seules tous les hommes désirent de l'argent ?

Quel dommage que Lycurgue n'ait pas pensé au papier de crédit, lorsqu'il vouloit bannir l'or & l'argent de Sparte ! Il eût mieux répondu à ses fins que les morceaux de fer qu'il mit en usage pour mon-

---

† » Il est sur-tout important de laisser » libre la sortie de l'argent mis en œuvre, » comme vaisselle d'argent, bijoux, parce » que le Commerce y gagne la main de » l'Ouvrier, & le Roi le contrôle. «

M. MELON, *Chapitre XIX. de son Essai Politique.*

noie, & auroit auſſi prévenu plus efficacement tout Commerce avec les Etrangers, comme étant intrinſéquement d'une valeur moins réelle †.

Mais comme nos projets favoris de papier de crédit, ſont perni-

---

† » Pour bannir encore plus ſûrement » les richeſſes & le luxe de ſon Pays, Ly- » curgue imagina d'en bannir l'or & l'ar- » gent & de ſubſtituer à leur place une » monnoie de fer, de ſi peu de valeur, » qu'aucun Particulier ne pouvoit avoir » chez lui de quoi fournir à ſes beſoins » pendant un mois. Il ne ſoupçonnoit pas » qu'il pût y avoir d'autre gage des échan- » ges, ou des repréſentations d'argent, & » il avoit trouvé le ſecret d'appauvrir ſa » Nation, & de la faire vivre comme les » Derviches les plus auſteres, à quoi les » Lacédémoniens auroient aſſez reſſemblé, » s'ils n'avoient eu de plus les fatigues de la » guerre. «

M. MELON, *Chapitre XIV*.

cieux,

cieux, étant presque le seul expédient par lequel nous pouvons faire tomber l'argent au-dessous de son niveau. A mon avis aussi, le seul moyen par lequel nous pouvons le porter au-dessus de ce même niveau, est une pratique contre laquelle tout le monde s'écriroit comme destructive ; c'est-à-dire, d'amasser des sommes considérables dans le trésor public, de les y enfermer, & d'en prévenir absolument la circulation. Le fluide ne communiquant pas avec l'élément voisin, peut, par un pareil artifice, être élevé à la hauteur qu'on veut lui donner.

Pour prouver ceci, nous n'avons qu'à supposer de nouveau l'anéantissement de la moitié, ou de quelque partie de notre argent : nous trouverons que la conséquence immédiate d'un pareil événement, seroit qu'il attireroit une somme égale de tous les Royaumes voisins ; & il ne paroît pas, par la nature des choses, qu'il y ait des bornes nécessaires à mettre à cette pratique d'entasser l'espéce. Une petite Ville, comme Genève, en continuant cette politique pendant quelques siécles, pourroit se rendre Maîtresse des neufs dixiémes d'argent de l'Europe. Il semble, à la vérité, que dans la nature de l'homme on trouve un obstacle invincible à cet immense accroissement de richesses. Un Etat foible, avec un trésor si considérable, deviendroit bien-tôt la proie de quelqu'un de ses voisins plus pauvre, mais plus puissant. Un grand Etat dissiperoit ses richesses en projets dangereux & mal concertés, & probablement détruiroit en même tems ce qui est plus précieux que l'argent, l'industrie, les moeurs & le nombre de ses Sujets. Le fluide en ce cas élevé à une trop grande hauteur, force & brise le vase qui le contient, & se mêlant avec l'élément qui l'environne reprend bien-tôt son niveau naturel.

Ce principe nous est si peu familier, que quoique tous les Historiens s'accordent à rapporter uniformément un événement aussi récent que l'immense trésor amassé par Henri VII. (qu'ils font monter à un million sept cens mille livres sterling) nous rejettons plutôt le concours de leurs témoignages, que d'admettre un fait qui quadre si peu avec des préjugés aussi enracinés que les nôtres.

Il y a grande apparence, à la vérité, que tout l'argent qui est en Angleterre ne monte guère qu'au quatriéme de cette somme; mais où est la difficulté qu'un Prince adroit, avide, frugal & de plus Monarque presque arbitraire, pût en amasser une pareille ? Il n'est pas même probable que le Peuple ait dû s'apercevoir d'une maniere sensible de la diminution de l'argent circulant, ou qu'elle ait pû lui porter aucun préjudice. Le prix de toutes les commodités tombant à proportion, a dû remplacer immédiatement cet argent, en donnant à l'Angleterre l'avantage dans son Commerce avec tous les Royaumes voisins.

N'avons-nous pas un exemple dans la petite République d'Athènes avec les Alliés, qui dans l'espace d'environ cinquante ans, entre la guerre de Médie & celle du Péloponèse, amassa une somme plus grande que celle de Henri (*a*) VII ?

(*a*) Il y avoit environ huit onces d'ar-

Car tous les Historiens (*a*) & les Orateurs (*b*) Grecs conviennent que les Athéniens ramasserent dans la Citadelle plus de dix mille talens, qu'ils dissiperent après à se ruiner par des entreprises imprudentes & téméraires ; mais lorsque cet argent rentra dans le Commerce, & que le fluide commença à se mêler avec l'élément qui l'environnoit, quelle en fut la conséquence ? Resta-t-il dans l'Etat ? Non, car nous trouvons par le cens mémorable dont Demosthènes (*c*) & Polybe (*d*) font mention, qu'en-

---

gent dans la livre sterling du tems de Henri VII.

(*a*) *Thucididis*, *Lib.* 2. *Diod. Sic. Lib.* 12.

(*b*) *Vid. Æschinis & Demosthenis Epist.*

(*c*) περὶ Συμμορίας.

(*d*) *Lib.* 2. *cap.* 62.

viron cinquante ans après toute la valeur de la République, y compris les terres, les maiſons, les marchandiſes, les eſclaves & l'argent étoit au-deſſous de ſix mille talens.

Quelle étoit l'élévation d'eſprit & l'ambition de ce Peuple, d'amaſſer & de garder dans leur tréſor pour ſervir à leurs conquêtes, une ſomme qu'il étoit chaque jour dans le pouvoir des Citoyens, par une ſimple délibération de ſe diſtribuer parmi eux, & qui auroit preſque triplé les richeſſes de chaque Particulier! car nous devons obſerver que ſelon les Anciens Hiſtoriens, les richeſſes publiques & particulieres des Athéniens n'étoient pas plus grandes au commencement de la guerre du Péloponèſe, qu'au commencement de celle de Macédoine.

L'Argent n'étoit guère plus abondant dans la Grèce dans les tems de Philippe & de Persée, qu'en Angleterre durant le régne d'Henri VII. Cependant ces deux Monarques en trente ans (*a*) amasserent dans le petit Royaume de Macédoine, un trésor beaucoup plus grand que celui du Monarque Anglois. Paul Emile apporta à Rome environ un million sept cens mille livres sterling (*b*). Pline dit deux millions quatre cens mille (*c*), & cette somme n'étoit qu'une partie du trésor de Macédoine, le reste fut dissipé par la résistance & la fuite de Persée.

Nous apprenons de Stanyan, que

(*a*) *Titi Livii*, *Lib.* 45. *Cap.* 40.

(*b*) *Vel. Paterc. Lib.* 1. *Cap.* 9.

(*c*) *Lib.* 33. *Cap.* 3.

le Canton de Berne a prêté trois cens mille livres à intéret, & qu'il y en avoit plus de six fois autant dans le trésor public. Voici donc une somme amassée d'un million huit cens mille livres sterling qui est au moins le quadruple de ce qui devroit circuler naturellement dans un si petit Etat. Cependant en voyageant dans le Pays de Vaux, ou en toute autre partie de ce canton, on ne remarque pas qu'il y ait moins d'argent qu'on n'en doit naturellement supposer dans un Pays de cette étendue, & qui auroit à peu près le même sol & la même situation : au contraire, il y a peu de Provinces intérieures dans le continent de France ou d'Allemagne où les Habitans soient aujourd'hui aussi opulens ; quoique ce Canton ait prodigieusement augmenté son trésor depuis 1714. le tems où Stanyan a écrit le compte judicieux qu'il a rendu de la Suisse (*a*).

Ce qui est rapporté par Appien (*b*) du trésor des Ptolomées est si prodigieux, qu'on ne peut l'admettre, d'autant plus que l'Historien dit que malgré la frugalité des autres successeurs d'Alexandre, plusieurs d'entr'eux avoient des trésors qui n'étoient pas de beaucoup inférieurs. Cet esprit d'économie des Princes voisins, doit suivant la théorie précédente, avoir arrêté la fru-

---

(*a*) La pauvreté, dont Stanyan parle, ne se remarque que dans les Cantons les plus montagneux, où il n'est pas aisé à l'argent de se répandre ; encore les Peuples n'y sont-ils pas plus pauvres que dans le Diocèse de Saltzbourg d'un côté, ou dans la Savoye de l'autre.

(*b*) *Proem.*

galité des Monarques d'Egypte. La ſomme dont il fait mention eſt de ſept cens quarante mille talens, ou de cens quatrevingt-onze millions cens ſoixante-ſix mille ſix cens ſoixante-ſix livres ſterling treize ſchelings & quatre ſols, ſuivant le calcul du Docteur Arbuthnot; cependant Appien dit qu'il a extrait le compte qu'il en rend des Régiſtres publics, & il étoit lui-même natif d'Aléxandrie.

De ces principes réſulte le jugement que nous devons former de ces empêchemens ſans nombre, de ces obſtructions, & ces impoſitions que toutes les Nations de l'Europe & l'Angleterre plus que toutes les autres ont miſes ſur le Commerce, par un déſir exorbitant d'amaſſer de l'argent, qu'on ne peut jamais entaſſer au-deſſus de ſon niveau tandis qu'il circule, ou par une crainte mal fondée de perdre l'eſpéce qui ne ſauroit tomber au-deſſous. Si quelque choſe pouvoit diſſiper nos richeſſes, ce ſeroient des meſures ſi contraires à la bonne politique. Il en réſulte encore ce mauvais effet, qu'elles privent les Nations voiſines de cette liberté de communication & d'échange que l'Auteur de la Nature a eu en vûe en leur donnant des ſols, des climats & des génies ſi différens les uns des autres.

Nos Politiques modernes par ce grand uſage du papier de crédit, embraſſent l'unique méthode de bannir l'argent, & rejettent en même tems le ſeul moyen de l'augmenter, c'eſt-à-dire, la pratique de l'entaſſer ; c'eſt ce qui les oblige d'avoir recours à cent manoeuvres, qui ne ſervent qu'à arrêter l'induſtrie, & à nous priver, nous & nos voiſins, des bénéfices communs de l'art & de la nature.

Cependant toutes les taxes ſur les commodités étrangeres ne ſont pas regardées comme inutiles, ou comme préjudiciables, mais uniquement celles qui ſont fondées ſur la jalouſie dont je viens de parler. Une taxe ſur les toiles d'Allemagne encourage nos propres Manufactures, & augmente par-là notre Peuple & notre induſtrie. Comme il eſt néceſſaire d'établir des impoſitions pour le ſoûtien du Gouvernement, il doit paroître plus convenable de les mettre ſur les commodités étrangeres, qu'il eſt plus aiſé d'arrêter au Port & de ſoûmettre à ce droit. Nous devons pourtant toûjours nous ſouvenir de cette maxime du Docteur Swift, que dans l'Arithmétique des Douanes deux & deux ne ſont pas quatre, mais ſouvent ne font qu'un. Il eſt preſque certain que ſi les droits ſur le vin étoient réduits à un troiſiéme, ils rapporteroient beaucoup plus au Gouvernement qu'à préſent. Notre Peuple feroit par-là à portée de boire une liqueur meilleure & plus ſaine. La balance du Commerce, dont nous ſommes ſi jaloux, n'en ſouffriroit pas. La Manufacture de l'Aile, au-delà de l'Agriculture, eſt peu conſidérable, & n'emploie que peu de mains. Le tranſport du vin & du blé n'en occuperoient guère moins.

Mais n'y a-t-il pas, me direz-vous, des exemples fréquens d'Etats & de Royaumes qui étoient anciennement riches, & qui ſont à préſent pauvres? L'argent qui y abondoit autrefois, ne les a-t-il pas quittés? Je répons que ſi ces Etats perdent leur Commerce, leur induſtrie &

leur Peuple, il leur eſt impoſſible de garder leur or & leur argent; car ces précieux métaux ne peuvent tenir qu'en proportion de ces premiers avantages. Lorſque Liſbonne & Amſterdam ont enlevé le Commerce des Indes Orientales aux Vénitiens & aux Génois, ces Villes leur ont auſſi enlevé les profits & l'argent qui en provenoient. Où le ſiége du Gouvernement eſt tranſporté, où l'on entretient de nombreuſes armées à de grandes diſtances, où des fonds conſidérables ſont poſſédés par des Etrangers, il doit réſulter naturellement de toutes ces cauſes une diminution de l'eſpéce. Mais nous pouvons obſerver que ces manieres de faire ſortir l'argent, ſont violentes & forcées, & qu'elles ſont ſuivies communément du tranſport du Peuple & de l'induſtrie: mais où le Peuple & l'induſtrie demeurent les mêmes ; où la cause d'un trop grand écoulement cesse, l'argent trouve toûjours le moyen de retourner par cent canaux, dont nous n'avons ni notion, ni soupçon. Quels immenses trésors n'ont pas été répandus par tant de Nations, en Flandres depuis la Révolution, dans le cours de trois longues guerres ! plus d'argent peut-être que la moitié de ce qui est à présent dans toute l'Europe. Mais qu'est-il devenu ? Est-il dans le Cercle resserré des Provinces Autrichiennes ? Non certainement. Il est pour la plus grande partie retourné aux Pays dont il venoit, & a suivi l'industrie & les Arts par lesquels il avoit été acquis dans son principe.

Enfin un Gouvernement a raison de conserver avec grand soin son Peuple & ses Manufactures : à l'égard de l'argent †, il peut en toute

---

† M. MUN va plus loin & prétend qu'il est même avantageux, non-seulement de laisser sortir l'argent d'un Etat, mais de le porter exprès à l'Etranger, pour l'échanger comme marchandise contre d'autres : c'est le sujet du quatriéme Chapitre de son Livre, où il a pris à tâche d'approfondir cette importante question. M. HUME dans tout son Ouvrage n'a fait que l'effleurer. Il est certain que l'avis de M. MUN sur cette matiere doit en imposer : il avoit fait fortune en Citoyen, par une pratique constante de ce qu'il enseigne, aussi avantageuse à sa Patrie qu'à lui-même. S'il est permis de comparer ce qu'il y a de plus utile pour la Société, aux choses qui ne font qu'amuser un petit nombre de ceux qui la composent, de quelle autorité ne sont pas au Théatre les Réflexions que Corneille a faites sur ses Tragédies ? Ou sans parler des objets de pur agrément, & revenant à ceux d'un ordre bien supérieur, puisqu'ils intéressent tous les hommes, avec quelle confiance ne lisons-nous pas les Mémoires du Duc de Sully &

sûreté

ſûreté s'en fier au cours des affaires

---

le Teſtament du Cardinal de Richelieu? Ce dernier Ouvrage conſervera toûjours toute ſon autorité, malgré les efforts qu'un Poëte célébre de ce ſiécle a faits pour en enlever la gloire à ce grand Miniſtre, & l'on ne peut ſavoir trop de gré au ſavant Académicien François, qui les a repouſſés avec autant d'habileté que de force.

Je dois ajoûter que ce qui doit prévenir encore plus favorablement le Lecteur pour l'opinion de M. HUME, c'eſt que ſon Ouvrage, appuyé des repréſentations de pluſieurs Négocians, produiſit ſon effet, & que quelque tems après le Parlement donna un Acte pour autoriſer l'exportation des matieres d'or & d'argent. L'Ouvrage eſt intitulé en Anglois: *ENGLAND'S TREASURE, by Forraign Trade: Or the Ballance of our Forraign Trade, is the rule of our Treaſure, by THOMAS MUN of London Merchant. London* 1664. Il eſt traduit en François ſous le Titre de *Traité du Commerce, dans lequel on trouvera les moyens dont on ſe peut légitimement ſervir pour s'en-*

humaines ; ou s'il fait attention à cette derniere circonstance, ce ne doit être qu'autant qu'elle peut intéresser la premiere.

---

richir, *&c.* Jacques Morel, Libraire au Palais, en a donné une nouvelle édition en 1700. L'Auteur d'un Livre intitulé : *Britannia Languens Or a Discourse of Trade* (Discours sur le Commerce) adressé au Parlement & imprimé à Londres en 1689. se plaignit de l'Acte dont je viens de parler, & entreprit de réfuter les raisons de M. MUN : on peut voir les siennes, *Section IV. page* 37. *& suivantes.* Il ne détruit pas la solidité des principes qu'il attaque, & une partie de ceux qu'il est obligé d'admettre ne fait que confirmer le systême qu'il entreprend de combattre. Cela n'empêche pas que son Ouvrage ne soit d'ailleurs très-estimable, & plein d'excellentes Réflexions sur le Commerce. Aujourd'hui en Angleterre l'exportation de l'or & de l'argent, non monnoyés, est permise, pourvû qu'on la déclare.

DISCOURS VI.

De la Balance du Pouvoir.

C'Est une queſtion à décider, ſavoir ſi la Balance du Pouvoir eſt dûe entiérement à la Politique moderne, ou ſi ce n'eſt ſeulement que la phraſe qui a été inventée dans ces derniers tems. Il eſt certain que Xénophon (*a*), dans ſon Inſtitution de Cyrus, fait naître la combinaiſon des Puiſſances Aſiatiques, de la jalouſie que leur avoit cauſée l'accroiſſement des forces des Médes & des Perſans; & quoique cette élégante compoſition ne doive être regardée que

(*a*) Liv. 1.

comme un Roman, ce ſentiment que l'Auteur attribue aux Princes Orientaux eſt du moins une preuve des notions qui prévaloient dans ces anciens tems.

Dans toute la Politique des Grecs l'inquiétude à l'égard de la Balance eſt très-viſible, & les anciens Hiſtoriens nous en parlent très-expreſſément. Thucidide (a) repréſente la Ligue qui fut formée contre Athènes, & qui produiſit la guerre du Péloponèſe, comme entiérement dûe à ce principe. Lorſqu'Athènes commença à décliner, & que les Thébains & les Lacédémoniens diſputoient pour la ſouveraineté, nous trouvons que les Athéniens, auſſi-bien que pluſieurs autres Républiques, embraſſerent

(a) Liv. I.

toûjours le côté le plus foible, pour conſerver la Balance. Ils furent pour Thébes contre Sparte, juſqu'à la grande victoire remportée à Leuctres par Epaminondas, après quoi immédiatement ils ſe rangerent du côté des Vaincus ; par générosité, comme ils le prétendoient, mais réellement par la jalouſie que les Vainqueurs leur avoit inſpirée.

Quiconque lira les Oraiſons de Démoſthènes pour les Mégalopolitains, y doit voir ſur ce principe les plus grands rafinemens qui ſoient jamais entrés dans la tête d'un Vénitien ou d'un Anglois contemplatif. La puiſſance Macédonienne commence à peine à s'élever, que cet Orateur immédiatement en découvre le danger, ſonne l'alarme par toute la Grèce, & aſſemble cette armée de Confédérés, qui ſous les bannieres d'Athènes donna cette grande & décisive bataille de Chæronée.

Il est vrai que les Historiens regardent les guerres des Grecs comme des guerres d'émulation plutôt que de politique. Chaque Etat paroît plutôt avoir eû en vue l'honneur d'être à la tête des autres, qu'aucune espérance d'autorité & de souveraineté. En effet, si nous considérons le petit nombre d'habitans de chaque République, comparé au total des Grecs, la grande difficulté de faire des siéges dans ces tems-là, la discipline & la bravoure extraordinaire de tout homme libre parmi cette généreuse Nation; nous conclurrons que la balance du pouvoir étoit d'elle-même suffisamment assurée dans la Grèce, & qu'elle n'avoit pas besoin pour être maintenue de toutes les précautions qui peuvent être nécessaires dans d'autres siécles.

Mais ſoit que l'on attribue ces changemens de parti dans les Républiques Grecques, à une *émulation jalouſe*, ou à une *Politique attentive*, les effets en étoient les mêmes, & toute puiſſance prédominante étoit ſûre de voir s'élever contre elle une confédération, ſouvent compoſée de ſes anciens amis & alliés.

Le même principe (qu'on l'appelle envie ou prudence) qui produiſit l'Oſtraciſme d'Athènes & le Pétaliſme (*a*) de Syracuſe, & qui banniſſoit tout Citoyen dont la réputation ou le pouvoir donnoient de l'ombrage aux autres ; ce même

(*a*) Toute la différence qu'il y avoit entre le Pétaliſme de Syracuſe & l'Oſtraciſme d'Athènes, conſiſte en ce que le premier étoit un exil de cinq ans & le ſecond un exil de dix.

principe, dis-je, se découvre naturellement dans la Politique étrangere, & attiroit bien-tôt des ennemis à l'Etat prédominant, quelque modéré qu'il fût dans l'exercice de son autorité.

Le Roi de Perse étoit réellement en force un petit Prince comparé aux Républiques Grecques, & par conséquent, il lui convenoit plus pour sa sûreté que par émulation, de s'intéresser dans leurs querelles & de soûtenir à chaque occasion le parti le plus foible. C'est l'avis que donna Alcibiade à Tissapherne (a), & c'est ce qui prolongea pendant près d'un siécle la durée de l'Empire des Perses, jusqu'à ce que pour l'avoir négligé un moment, après que le génie entreprenant de Philippe

(a) *Thucid. Lib. 8.*

eut

eut commencé à se faire connoître ; cet édifice aussi fragile qu'élevé, fut renversé à terre avec une promptitude dont il y a peu d'exemples dans l'Histoire du Genre humain.

Les successeurs d'Aléxandre montrerent une grande jalousie à l'égard de la Balance du pouvoir, jalousie fondée sur la Politique & la véritable prudence, & qui conserva dans leur entier pendant plusieurs siécles les différens partages qu'ils firent après la mort de ce fameux Conquérant. La fortune & l'ambition d'Antigonus (a) les menacerent de nouveau d'une Monarchie universelle ; mais leur confédération & leur victoire à Ipsus les sauva. Dans les tems suivans, nous trou-

(a) *Diod. Sic. Lib.* 20.

vons que les Princes Orientaux regardant les Grecs & les Macédoniens comme la ſeule force militaire réelle avec laquelle ils puſſent avoir affaire, ils avoient toûjours un œil très attentif ſur cette partie du Monde. Les Ptolomées en particulier ſe déclarerent d'abord pour Aratus & les Achéens, & enſuite pour Cléomène Roi de Sparte, dans le ſeul deſſein de balancer les Rois de Macédoine ; car c'eſt la raiſon que donne Polybe de la Politique des Egyptiens (*a*).

La ſuppoſition que les Anciens ne connoiſſoient aucunement la Balance du pouvoir, me paroît avoir plus de fondement dans l'Hiſtoire Romaine que dans l'Hiſtoire Grecque ; & comme les faits de la pre-

(*a*) *Lib.* 2. *Cap.* 51.

miere en général nous font plus familiers, nous en avons tiré toutes nos conclusions. Il faut avouer que les Romains en aucun tems n'ont vû se former contre eux des Confédérations générales, telles que l'on devoit les attendre de leurs rapides conquêtes & de leur ambition déclarée.

Leurs voisins se sont laissés subjuguer tranquillement les uns après les autres, jusqu'à ce que la République ait étendu son Empire sur tout le Monde connu. Sans parler de l'Histoire fabuleuse de leurs guerres d'Italie †, il y eut, lors-

† Il s'est élevé depuis peu parmi les Critiques, & à mon avis avec assez de fondement, de violens soupçons touchant les premiers siécles de l'Histoire Romaine, comme s'ils étoient entiérement fabuleux, jusqu'après le sac de la Ville par les Gaulois;

qu'Annibal envahit les Terres des

& comme s'ils étoient encore suspects quelque tems après, en un mot, jusqu'à celui où les Grecs ont commencé à faire attention aux affaires Romaines, & à les écrire. Ce Pyrrhonisme cependant me paroît difficile à défendre dans toute son étendue, à l'égard de l'Histoire domestique de Rome, qui a quelque air de probabilité & de vérité, & qui ne peut guère être l'invention d'un Historien, qui auroit eu assez peu de mœurs & de jugement pour se permettre les fictions. Les révolutions paroissent proportionnées à leur cause; le progrès des factions est conforme à l'expérience politique; les mœurs & les maximes du siécle sont si uniformes & si naturelles, qu'aucune Histoire réelle ne peut donner lieu à de plus justes réflexions.

Le Commentaire de Machiavel sur Tite-Live (Ouvrage assûrément de beaucoup de génie & de jugement) n'est-il pas entiérement fondé sur cette période de tems que l'on nous représente comme fabuleuse. Ainsi mon avis particulier est qu'il faut composer

Romains, une crise très-remarquable, qui doit avoir attiré l'attention de toutes les Nations civilisées. Il

---

avec ces Critiques; il faut leur accorder que toutes les batailles, les victoires, les triomphes de ces siécles reculés ont été extrèmement falsifiés, par des Mémoires de famille, comme Cicéron le dit quelque part : mais comme dans les Récits des factions domestiques, deux rélations opposées ont été transmises à la postérité, les Historiens qui sont venus depuis ont eu de quoi se tenir en garde contre les unes & contre les autres, & de parvenir à quelques vérités par le raisonnement & la comparaison. La moitié du carnage que Tite-Live fait des Eques & des Volces dépeupleroit la France & l'Allemagne ; & cet Historien, quoiqu'on puisse peut-être avec justice l'accuser d'être superficiel, est à la fin choqué lui-même du manque de vrai-semblance de sa narration. Le même amour de l'exagération paroît avoir grossi le nombre des Romains dans leurs Armées & dans leurs Dénombremens.

fut reconnu après (& il n'étoit pas difficile de l'obſerver en ce tems) que cette guerre (*a*) étoit pour l'Empire univerſel : cependant aucun Prince, aucun Etat ne paroît alors s'être alarmé de l'événement de cette querelle. Philippe de Macédoine demeura neutre, juſqu'à ce qu'il vit les victoires d'Annibal ; & alors il forma très-imprudemment une Alliance avec le Vainqueur, & à des conditions encore plus imprudentes. Il ſtipula qu'il aſſiſteroit les Carthaginois dans leur conquête de l'Italie, après quoi ils s'engageoient à envoyer des Troupes en Grèce, pour l'aider à ſoûmettre les Républiques Grecques (*b*).

(*a*) Quelques-uns en firent la remarque, comme il paroît par le Diſcours d'Agélaus de Naupacte, dans un Congrès général de la Grèce. Polybe, *Lib.* 5. *Cap.* 104.

(*b*) *Titi-Livii*, *Lib.* 23. *Cap.* 33.

Les Républiques des Rhodiens & des Achéens, sont très-célébrées par les anciens Historiens pour leur sagesse & leur profonde politique. Toutes deux cependant assisterent les Romains dans leurs guerres contre Philippe & Antiochus ; & ce qui peut être regardé comme une preuve plus forte, que cette maxime n'étoit pas communément établie dans ces siécles, aucun ancien Auteur n'a remarqué l'imprudence des mesures de ces deux Républiques, ni n'a jamais blâmé l'absurde Traité de Philippe, avec les Carthaginois dont je viens de parler. Des Princes, des Politiques peuvent dans tous les siécles s'aveugler par avance dans leurs raisonnemens à l'égard des événemens : mais il est assez extraordinaire, que dans la suite les Historiens n'en portent pas un jugement plus sain.

Massinisse, Attale, Prusias, en satisfaisant leur passion particuliere, ont tous été les instrumens de la grandeur Romaine : cependant il ne paroît pas qu'on les ait jamais soupçonnés d'avoir forgé leurs propres fers, tandis qu'ils avançoient les conquêtes de leurs Alliés. Un simple Traité, une convention entre Massinisse & les Carthaginois, qui eût été si conforme à leurs intérêts mutuels, eût interdit aux Romains l'entrée de l'Afrique, & eût conservé la liberté du Genre humain.

Le seul Prince que nous trouvons dans l'Histoire Romaine, avoir entendu la Balance du pouvoir, est Hiéron, Roi de Syracuse. Quoique Allié de Rome, il envoya des secours aux Carthaginois durant la guerre des Auxiliaires. » Jugeant » qu'il étoit nécessaire, dit Poly-

» be (a), pour assûrer ses Etats en » Sicile, & pour conserver l'amitié » des Romains, que la République » de Carthage subsistât, de peur » que par sa chute, la Puissance » victorieuse ne fût en état de tout » entreprendre & de tout exécuter, » sans que l'on pût s'y opposer; & » en ceci il agit avec beaucoup de » sagesse & de prudence, car c'est » ce que, sous quelque prétexte » que ce soit, on ne doit jamais per- » dre de vûe, de peur qu'on ne » mette dans une seule main une » telle force, que les Etats voisins » deviennent absolument incapables » de défendre leurs droits contre » elle. « Voilà le but des Politiques modernes marqué en termes très-exprès.

(a) *Lib.* 1. *Cap.* 83.

Enfin la maxime de conserver la Balance, est tellement fondée sur le sens commun & le raisonnement le plus simple, qu'il est impossible qu'elle ait échappé à l'Antiquité, où nous trouvons à d'autres égards tant de preuves de la plus profonde pénétration & du discernement le plus fin. Si cette maxime n'étoit pas aussi généralement reconnue qu'elle l'est à présent, du moins est-il probable qu'elle influoit sur les Princes & sur les Politiques les plus sages & les plus expérimentés. Aujourd'hui même, quelque établie qu'elle soit parmi les Raisonneurs spéculatifs, elle n'a pas dans la pratique, parmi ceux qui gouvernent le monde, une autorité beaucoup plus étendue.

Après la chute de l'Empire Romain, la forme du Gouvernement établie par ces Conquérans venus du Nord, les rendit en grande partie incapables de pousser plus loin leurs conquêtes, & maintint longtems chaque Etat dans ses propres limites. Mais lorsque le Vasselage & la Milice féodale eurent été abolies, le Genre humain fut de nouveau exposé au danger d'une Monarchie universelle, par l'union de tant de Royaumes & de Principautés dans la personne de l'Empereur Charles.

Cependant la puissance de la Maison d'Autriche étant fondée sur des Pays très-étendus, mais séparés, & ses richesses venant principalement des Mines d'or & d'argent, il étoit probable que des défauts internes feroient tomber d'elle-même cette puissance, plutôt qu'elle ne renverseroit tous les Boulevards qui s'élevoient contre elle. En moins d'un siécle la force de cette violente & ſuperbe Race a été affoiblie, ſon opulence a été diſſipée, & ſa ſplendeur éclipſée. Une nouvelle Puiſſance a ſuccédé plus formidable pour les libertés de l'Europe, parce qu'elle a tous les avantages de la premiere, ſans avoir aucun de ſes défauts, excepté une partie de cet eſprit de bigoterie & de ſuperſtition, dont la Maiſon d'Autriche a été ſi long-tems & eſt encore ſi fort infatuée.

Depuis plus d'un ſiécle l'Europe a été ſur la défenſive, contre la plus grande force qui peut-être ait jamais été formée par la combinaiſon civile ou politique du Genre humain; & telle eſt l'influence de la maxime dont nous traitons ici, que quoique cette ambitieuſe Nation ait été victorieuſe dans quatre (a)

(a) Celles terminées par les Traités de

des cinq dernieres guerres générales, & malheureuse seulement dans une (a), les François n'ont pas de beaucoup augmenté leurs domaines, & n'ont pas acquis un entier ascendant sur l'Europe ; au contraire, il nous y reste quelque espérance de leur résister encore assez long-tems pour que la révolution naturelle des choses humaines, & les événemens imprévus puissent nous mettre à l'abri d'une Monarchie universelle & préserver le Monde d'un si grand mal †.

Paix des Pyrénées, de Nimegue, de Ryswick & d'Aix-la-Chapelle.

(a) Celle terminée par la Paix d'Utrecht.

† *A la fin du Discours VIII. sur le Crédit public, l'Auteur n'est pas si rassûré ; il prétend, au contraire, qu'il ne faut qu'être dans son bon sens, pour prophétiser ces évé-*

Dans les trois dernieres de ces guerres générales, l'Angleterre a été à la tête de cette glorieuse résistance, elle conserve encore son

---

nement, qu'il fait envisager comme n'étant pas fort éloigné. M. MELON *a fait à ce sujet la réflexion la plus judicieuse :* » Enfin » l'esprit de paix a éclairé notre Europe. » Une juste balance empêchera toûjours » qu'une Puissance ne s'éleve, par ses con» quêtes assez pour se faire craindre ; & si » quelques intérêts momentanés, troublent » cette heureuse harmonie, le Vainqueur » n'a plus à espérer d'étendre ses limites. » Tout s'unira pour arrêter ses dangereux » progrès, & une Nation ne peut plus s'ag» grandir que par la sagesse de son Gouver» nement intérieur. «

Essai Politique sur le Commerce, Chapitre VII. du Gouvernement Militaire.

Voilà ce que les Anglois disent eux-mêmes ; & ce qui, comme on voit, ne suffit pourtant pas pour calmer leurs inquiétudes sur la Balance de l'Europe.

poste comme Gardienne des libertés générales de l'Europe & comme la Patronne du Genre humain. Outre l'avantage de ses richesses & de sa situation, ses Peuples sont animés d'un tel esprit national, & sont si pleinement convaincus du bonheur inestimable de leur Gouvernement, que l'on peut espérer que la vigueur qu'ils ont fait paroître dans la défense d'une cause si nécessaire & si juste, ne languira jamais ; au contraire, si nous en pouvons juger par le passé, il semble que leur ardeur a plutôt besoin d'être modérée : ils ont plus souvent erré par un excès louable que par une nonchalance répréhensible.

En premier lieu, nous paroissons plutôt avoir été animés par cette jalouse émulation des anciens Grecs, que conduits par les vûes prudentes de la Politique moderne. Nos guerres avec la France ont commencé avec justice, peut-être même étoient elles nécessaires ; mais elles ont toûjours été poussées trop loin par obstination & par passion. La même paix qui fut après signée à Ryswick en 1697. avoit été offerte dès l'année 1682. celle conclue à Utrecht en 1712. auroit pû être finie à des conditions aussi avantageuses à Gertruydenberg en 1708. & nous aurions pû souscrire à Francfort en 1743. aux mêmes conditions que nous avons été bien aises d'accepter à Aix-la-Chapelle en 1748. Nous voyons par-là que plus de la moitié de nos guerres avec la France & toutes nos dettes publiques, sont plutôt l'effet de notre véhémence imprudente, que de l'ambition de nos voisins.

En second lieu, nous sommes connus pour être si opposés à la puissance

ſance de la France, & tellement ardens à la défenſe de nos Alliés, que ceux-ci comptent ſur nos forces comme ſur les leurs propres, & que ſe flattant de pouſſer la guerre à nos dépens, ils refuſent les propoſitions d'accommodement les plus raiſonnables. *Habent ſubjectos, tanquam ſuos, viles ut alienos.* Tout le monde ſçait qu'au commencement du dernier Parlement, le votè factieux de la Chambre des Communes, & les eſprits échauffés de la Nation ont rendu la Reine d'Hongrie inflexible, & ont prévenu l'accord avec la Pruſſe qui auroit rétabli ſur le champ la tranquillité de l'Europe.

En troiſiéme lieu, nous épouſons une querelle avec tant de bonne foi, que lorſque nous y ſommes une fois engagés, nous perdons toute ſenſibilité, & pour nous-mêmes &

pour notre postérité, & que nous ne nous occupons que des moyens de nuire à l'ennemi le plus qu'il nous est possible. Lorsqu'à un prix si cher nous avons engagé nos revenus dans des guerres où nous n'étions qu'auxiliaires, nous avons sûrement donné dans l'erreur la plus fatale qu'on ait jamais pû reprocher à une Nation qui a quelque prétention à la Politique & à la prudence. Ce remede de papiers sur les fonds publics, si c'est un remede & non pas plutôt un poison, doit du moins être réservé pour la derniere extrémité, & il n'y a que le plus grand malheur qui dût nous porter à recourir à un expédient si dangereux.

Les excès où nous nous sommes portés sont préjudiciables, & peuvent avec le tems le devenir encore davantage d'une autre maniere, en engendrant comme il eſt d'ordinaire l'extrémité oppoſée, & en nous rendant totalement inſenſibles au deſtin de l'Europe. Les Athéniens après avoir été le Peuple le plus intriguant & le plus guerrier de la Grèce, trouvant qu'ils s'étoient trompés, en ſe mêlant de chaque querelle, abandonnerent toute attention aux affaires étrangeres, & ne prirent dans la ſuite aucune part dans les guerres qui ſurvinrent, que par leurs complaiſances & leurs flatteries pour le vainqueur.

D'énormes Monarchies telles que celle où l'Europe eſt peut-être à préſent en danger de tomber, ſont probablement deſtructives pour la Nature humaine (*a*), dans leurs

(*a*) Si l'Empire Romain a été de quel-

progrès, dans leur durée, & même dans leur chute, qui ne peut jamais être loin de leur établissement. Le génie militaire qui a aggrandi la Monarchie, abandonne bientôt la Cour, la Capitale & le centre d'un pareil Gouvernement, tandis que les guerres se font à de grandes distances & intéressent une si petite partie de l'Etat. Les anciens Nobles qui sont attachés à leur Souverain, vivent à la Cour & n'accepteront pas des emplois militaires qui les forceroient d'habiter des frontieres reculées & barbares, & qui les éloigneroient de leurs plaisirs & de leur fortune; ainsi il faut que les armes de l'Etat soit confiées

---

que avantage, cela n'a pû venir que de ce qu'avant son établissement, le Genre humain en général étoit dans un état de désordre & de barbarie.

à des Etrangers mercenaires, sans zèle, sans attachement, sans honneur, prêts à chaque occasion à les tourner contre le Prince, & à se joindre au premier mécontent qui leur offre la paye & le pillage. Voilà le progrès nécessaire des choses humaines ; ainsi la nature s'arrête elle-même dans ses vaines élévations.

Ainsi l'ambition travaille aveuglément pour la destruction du Conquérant, de sa famille, & de tout ce qui lui est cher. Les Bourbons se reposant sur la bravoure, la fidélité & l'affection de leur noblesse, voudront pousser leurs avantages sans retenue & sans bornes. Ces Nobles tandis qu'ils seront animés par la gloire & par l'émulation, pourront supporter les fatigues & les dangers de la guerre ; mais ne se soumettront jamais à languir dans des Garnisons d'Hongrie ou de Lithuanie, oubliés à la Cour & sacrifiés aux intrigues d'une Maîtresse ou des Favoris du Prince. Les troupes seront remplies de Croates, de Tartares, de Houssards, de Cosaques, mêlés peut-être de quelques Soldats de fortune des meilleures Provinces. Enfin le triste sort de l'Empire Romain se renouvellera par les mêmes causes, jusqu'à la dissolution finale de la Monarchie.

DISCOURS VII.

Des Taxes.

IL y a une maxime qui prévaut parmi ceux que dans notre Pays, nous appellons *Gens de moyens & de ressources*, & qui sont connus en France sous le nom de Financiers ou de Maltotiers †. *Que toute nou-*

† *Cette dénomination méprisante n'est plus d'usage, ou du moins est restrainte à ceux qui la méritent par des prévarications particulieres dans de bas emplois.* » On est devenu » assez éclairé pour ne plus tourner en » odieux les richesses acquises par une con- » vention légitime entre le Souverain & ses » Sujets. C'est de cette suprême législation » que partent les voies d'acquérir, & les ti- » tres de propriété. Nos contrats ne tirent » que de-là leur valeur & leur force : ainsi

velle Taxe crée une nouvelle habileté dans les Sujets pour la porter ; & que chaque augmentation du fardeau public augmente à proportion l'industrie du Peuple. Cette maxime est de telle nature, qu'il est très-vrai-semblable que les abus en seront extrêmes, & d'autant plus dangéreuse qu'on n'en peut absolument nier la vérité : il faut avouer, au contraire, qu'en la resserrant en de certaines bornes, elle est fondée sur la raison & sur l'expérience.

Lorsque l'on met une taxe sur des denrées qui sont consommées par le Peuple, il semble qu'il doive s'en

---

» l'industrie & la sage conduite des Fermiers » & des Entrepreneurs, n'est ni moins né» cessaire, ni moins utile que celle du Né» goce & des autres professions. «

M. MELON, *Chapitre XXII. De la Balance du Commerce.*

suivre

ſuivre naturellement que le Peuple retranche quelque choſe de ſa maniere de vivre, ou qu'il vende plus cher ſa peine pour faire porter au riche tout le fardeau de la taxe; mais les nouvelles impoſitions produiſent un troiſiéme effet, c'eſt que ces pauvres augmentent leur induſtrie, font plus d'ouvrage, & vivent auſſi-bien qu'auparavant, ſans demander davantage pour leur travail. Cela arrive naturellement toutes les fois que les taxes ſont modérées, qu'elles ſont miſes par degré, & qu'elles ne regardent pas les choſes néceſſaires à la vie; & il eſt certain que de pareilles difficultés ſervent ſouvent à exciter l'induſtrie d'un Peuple, & à le rendre plus opulent & plus laborieux que d'autres qui poſſedent de plus grands avantages: car nous pouvons obſerver comme un exemple de ce que l'on avance ici, que les Nations les plus commerçantes n'ont pas toûjours possédé la plus grande étendue de terre fertile ; mais qu'au contraire, elles ont eu à combattre beaucoup de désavantages naturels. Tyr, Athènes, Carthage, Rhodes, Gènes, Venise, la Hollande en sont des preuves. Dans toute l'Histoire, nous ne trouvons que trois exemples de Pays vastes & fertiles qui ayent possédé beaucoup de Commerce, les Pays-Bas, l'Angleterre & la France ; les deux premiers semblent avoir été engagés par les avantages de leur situation maritime, & la nécessité où ils se trouvoient de fréquenter les Ports étrangers pour se procurer ce que leur propre climat leur refusoient. A l'égard de la France, le Commerce s'est établi très-tard en ce Royaume, & paroît être l'effet de la réflexion & de l'obſervation, dans un Peuple induſtrieux & entreprenant, qui remarquoit les richeſſes immenſes qu'acquéroient ceux de ſes voiſins qui cultivoient la Navigation & le Commerce.

Les Places que Cicéron (*a*) nomme, comme étant de ſon tems en poſſeſſion du plus grand Commerce, ſont Aléxandrie, Colchos, Tyr, Sidon, Andros, Chypre, la Pamphylie, la Lycie, Chios, Biſance, Leſbos, Smyrne, Milet, Coos. Si l'on excepte Aléxandrie, tous les lieux qu'on vient de nommer étoient de petites Iſles, ou des Territoires très-étroits, & cette Ville devoit entierement ſon Commerce au bonheur de ſa ſituation.

Puis donc qu'on peut regarder

(*a*) *Epiſt. ad Attic. Lib.* 9. *Ep.* 11.

quelques néceſſités ou des avantages naturels comme favorables à l'induſtrie, pourquoi des fardeaux artificiels ne pourroient-ils pas avoir le même effet ? Le Chevalier Temple (*a*) attribue l'induſtrie des Hollandois uniquement à la néceſſité qui provient de leurs déſavantages naturels, & il fait valoir ſon ſentiment par une comparaiſon très-frappante avec l'Irlande, ou, dit-il, par l'étendue & la richeſſe du ſol & la rareté du Peuple, toutes les choſes néceſſaires à la vie ſont à ſi bon marché, qu'un homme induſtrieux en deux jours de travail, peut gagner aſſez pour ſe nourrir le reſte de la ſemaine. Ce que je crois être le véritable fondement de la pareſſe attribuée à cette

(*a*) Relation des Pays-Bas, *Chapitre VI.*

Nation ; car les hommes préferent naturellement leurs aiſes au travail, & ne ſe ſoumettront pas à la peine s'ils peuvent vivre dans la pareſſe ; quoiqu'il ſoit vrai auſſi que lorſque par la néceſſité ils ont été acccoûtumés au travail, ils ne peuvent plus le laiſſer, la coûtume l'ayant rendu néceſſaire à leur ſanté & à leur diſſipation ; & peut-être le paſſage n'eſt-il pas plus difficile d'un conſtant repos au travail, que d'un conſtant travail au repos. Après quoi l'Auteur confirme ſon opinion, en faiſant comme ci-deſſus, l'énumération des places où le Commerce a le plus fleuri dans les tems anciens & modernes, & qui communément ſe trouvent être de ſi petits Territoires, qu'il faut que la néceſſité y ait engendré l'induſtrie.

On a toûjours obſervé dans les années de diſette, ſi elle n'eſt pas extrême, que les pauvres travaillent davantage & vivent mieux que dans les années de grande abondance, où ils s'abandonnent à la pareſſe & à la débauche. J'ai oüi dire à un Manufacturier conſidérable, que dans l'année 1740. où le blé & les proviſions de toute eſpéce étoient très-chers, ſes Ouvriers avoient non-ſeulement trouvé le moyen de vivre; mais qu'ils avoient payé des dettes qu'ils avoient contractées dans les années précédentes qui étoient plus favorables & plus abondantes (*a*).

Cette opinion donc à l'égard des taxes peut être admiſe en quelque degré; mais il faut prendre garde à l'abus: les taxes, ainſi que la néceſſité, lorſqu'elles ſont pouſſées

---

(*a*) A ce ſujet, voyez auſſi le Diſcours I. vers la fin.

trop loin, détruisent l'industrie en faisant naître le désespoir, & même avant que de parvenir à ce point, elles renchérissent les gages du Laboureur & du Manufacturier, & augmentent le prix de toutes les denrées (a). Un Gouvernement attentif & désintéressé observera le point où le gain cesse & le dommage commence †. Mais comme le ca-

(a) Voyez dans l'Ouvrage de M. DE DANGEUL l'énumération des différentes Taxes imposées en Angleterre, qui sont en si grand nombre, qu'il y en a jusques sur les fenêtres, » afin que, comme il le dit, des » choses nécessaires à la vie, l'air même ne » fût pas exemt d'être taxé, & afin que le » Pauvre payât le jour nécessaire à son tra- » vail, comme le Riche, la lumiere qui » éclaire son oisiveté. «

Avantages & désavantages de la Grande-Bretagne, &c. §. VI.

† » C'est ici où le Législateur doit pren-

ractère contraire est beaucoup plus

» dre la Balance des hommes ; car il est fait
» pour les rendre tous heureux, chacun se-
» lon sa profession, & le Laboureur mérite
» plus d'attention que les autres, parce qu'il
» est plus nombreux, & que son travail est
» plus essentiel : mais son bonheur n'est pas
» de la même espèce, il doit le mériter par
» un travail assidu, & le Législateur doit
» lui procurer la joüissance tranquille du
» fruit pénible de son labeur, par une vente
» proportionnée à une imposition équitable.
» Négliger cette portion d'hommes, à cau-
» se de leur prétendue bassesse, est une in-
» justice grossiere & dangereuse ; car alors
» l'équilibre de cette Balance fondamentale
» des hommes & du Commerce seroit rom-
» pu. Le Laboureur découragé se refuseroit
» à sa profession : les vivres manqueroient
» peu à peu ; l'imposition seroit mal payée,
» & le reste de la Société seroit entraîné
» dans un malheur commun, plus affreux
» encore pour l'Habitant de la Capitale,
» que pour le Laboureur, accoûtumé dès
» long-tems à la pauvreté. Quel terrible

commun, il eſt à craindre que les Taxes par toute l'Europe ne ſe multiplient au point d'écraſer entiérement tout Art & toute induſtrie, quoique peut-être leur premiere augmentation & quelques autres circonſtances, aient pû contribuer à l'accroiſſement de ces avantages.

Les Taxes les plus avantageuſes ſont celles qui ſont levées ſur les conſommations, ſpécialement celles de Luxe, parce que de pareilles impoſitions ſont moins ſenties par le Peuple †. Elles paroiſſent en

---

» ſpectacle pour un Citoyen de voir tant » de millions d'hommes dans la miſere ! » Mais quels regrets affligeans s'il ſoupçonne qu'il eſt des moyens faciles d'arrêter » ou de prévenir leur infortune ! «

M. MELON, *Eſſai Politique ſur le Commerce, Chapitre XXII.*

† » En toutes choſes nous devons tâcher

quelque ſorte volontaires, puiſqu'un homme peut choiſir juſqu'où il veut faire uſage de la commodité qui eſt taxée. Elles ſe payent par degrés & d'une maniere inſenſible, & étant confondues avec le prix naturel de la denrée, elles ſont à peine apperçues par celui qui la conſomme †.

» de tirer le meilleur parti, de ce qui nous
» eſt propre, dans les avantages *Naturels*,
» comme dans les *Artificiels*; & d'autant
» que ceux qui vivent par les Arts, ſont en
» plus grand nombre que ceux à qui les
» fruits appartiennent, nous devons favori-
» ſer, le plus qu'il eſt poſſible, ces travaux
» de la multitude, dans leſquels conſiſtent
» les plus grandes forces & les plus gran-
» des richeſſes du Roi & du Royaume; car
» où le Peuple abonde & les Arts proſpe-
» rent, le Commerce doit être grand & le
» Pays riche. «

Les Richeſſes de l'Angleterre par le Commerce étranger, Chapitre III.

† » Il ne convient pas d'impoſer des

Leur ſeul déſavantage eſt que les frais pour les lever ſont conſidérables.

Les Taxes ſur les poſſeſſions ſe levent ſans de grands frais, mais elles ont tous les autres déſavantages. Pluſieurs Etats néanmoins ſont obligés d'y avoir recours pour ſuppléer au défaut des autres impoſitions.

Mais les plus pernicieuſes de tou-

» droits ſur les choſes de premiere né-
» ceſſité, mais ſur celles qui ne ſont que de
» luxe, de parure ou de curioſité : alors le
» droit eſt une juſte peine de l'excès qu'on
» fait de ces choſes-là ; il ne retombe que
» ſur le Riche & l'Opulent, le Laboureur
» & l'Artiſan ſont ſoulagés, & c'eſt cette
» partie du Peuple qui doit être chere à la
» République : c'eſt en partie réformer le
» Luxe que de le rendre cher. «

DON DIEGO DE SAAVEDRA, *Réflexions Politiques & Chrétiennes.*

tes les taxes, ſont celles qui ſont arbitraires †, elles deviennent par la maniere dont elles ſont adminiſtrées des eſpéces de punitions de l'induſtrie, & par leur inégalité inévitable, elles ſont réellement plus à charge que par le fardeau qu'elles impoſent. Ainſi il eſt étonnant qu'elles ayent lieu chez quelque Peuple civiliſé.

En général, toutes les taxes com-

---

† » L'impoſition eſt de deux eſpéces : » l'une arbitraire, comme la Taille & la » Capitation ; l'autre dépendante de la con- » ſommation, comme les Gabelles & les » Aides. Dans le premier cas, c'eſt avec » des exécutions militaires que le Receveur » tire, avec peine, un écu du Laboureur & » de l'Artiſan, qui dans l'autre paye annuel- » lement, ſans attention, & quelquefois » gaiement, cinquante francs de ſel ou de » vin, &c. «

M. MELON, *Chapitre VIII.*

me la Capitation, même lorſqu'elles ne ſont pas arbitraires, ce qu'elles ſont communément, doivent paſſer pour dangereuſes, parce qu'il eſt ſi aiſé au Souverain d'ajoûter un peu plus, & un peu plus à la premiere ſomme que ces impoſitions deviennent tout à la fois oppreſſives & inſupportables. D'un autre côté, une taxe ſur les commodités s'arrêtera d'elle-même, & un Prince éprouvera bien-tôt qu'en augmentant l'Impôt, il n'augmente pas ſon revenu; il n'eſt pas aiſé pour un Peuple d'être tout à la fois ruiné par de pareilles taxes.

Les Hiſtoriens nous diſent qu'une des premieres cauſes de la deſtruction de l'Empire Romain, fut le changement que fit Conſtantin dans les finances, en ſubſtituant une capitation univerſelle au lieu de la plûpart de ces dixmes, droits de

Douane & d'Accise, qui composoient anciennement le revenu de l'Empire ; les Peuples dans toutes les Provinces furent tellement foulés & opprimés par les Traitans, qu'ils se virent forcés de chercher leur réfuge sous les armes conquérantes des Barbares, qui avoient peu de nécessités & encore moins d'art, & dont par cette raison l'Empire se trouvoit préférable à la tyrannie rafinée des Romains †.

---

† DON GERONYMO DE UZTARIZ, *dans son excellent Ouvrage* sur le Commerce & la Marine, *démontre assez clairement, que l'excès des Taxes en Espagne est ce qui a le plus contribué à y diminuer le Peuple, & par conséquent les revenus du Roi :* » Ce ne » sont pas, dit-il, les Indes qui nous éner- » vent & nous dépeuplent ; ce sont les mar- » chandises avec lesquelles les Etrangers » s'emparent de notre argent ; c'est la des-

Il y a une opinion qui n'eſt que trop commune, que les taxes de quelque maniere qu'elles ſoient levées, tombent à la fin ſur les terres, & j'avoue qu'elle peut être utile en Angleterre dans l'eſprit des Poſſeſſeurs des biens fonds, entre les mains deſquels eſt l'adminiſtration du Gouvernement; elle les oblige à avoir de grands égards pour le Commerce & pour l'induſtrie. Je penſe néanmoins que ce principe quoiqu'avancé par un Ecrivain célébre, eſt ſi peu fondé en raiſon, que ſans ſon autorité, il n'eût jamais été reçu par perſonne. Tout homme aſſurément ſouhaite ſecouer le fardeau d'une taxe qui eſt impoſée & le rejetter ſur les autres; mais

---

» truction de nos Manufactures, *& la peſanteur des charges publiques.* «

CHAPITRE XIII.

comme chaque homme a la même inclination, & par conſéquent ſe tient ſur la défenſive, je ne vois pas pourquoi dans ces efforts réciproques, une claſſe d'hommes l'emporteroit ſur une autre, & comment peut-on réellement imaginer que l'homme qui a des terres ſera la victime de la totalité, & qu'il ne ſera pas en état de ſe défendre auſſi-bien que les autres. Tous les Marchands, à la vérité, ſouhaiteroient qu'il devînt leur proie; mais quand il n'y auroit point de taxes, ils auroient toûjours la même inclination, & les mêmes moyens qui avant les taxes le défendent contre les Marchands, lui ſerviront encore après, & les forceront eux-mêmes de partager le fardeau avec lui.

Je terminerai ce ſujet en obſervant que nous avons à l'égard des taxes, un exemple de ce qui arrive

ſouvent

ſouvent dans les inſtructions politiques ; que les conſéquences des choſes ſont diamétralement oppoſées à ce que nous devrions en attendre à la premiere apparence. On regarde comme une maxime fondamentale du Gouvernement Turc, que le Grand Seigneur, quoique Maître abſolu des vies & des fortunes de chaque Particulier, n'a aucune autorité pour impoſer une nouvelle taxe ; & chaque Prince Ottoman, qui a oſé le tenter, ou a été obligé de ſe rétracter, ou a éprouvé les effets funeſtes de ſa perſévérance. On s'imagineroit que ce préjugé, ou cette opinion établie, ſeroit la plus ferme barriere du monde contre l'oppreſſion ; cependant il eſt très-certain qu'elle opere tout le contraire. L'Empereur n'ayant point de méthode réguliere d'augmenter ſon revenu, eſt obligé de permettre aux Bachas & Gouverneurs d'opprimer & de dépoüiller les Sujets, & lui-même ensuite il leur fait rendre gorge après leur retour de leur Gouvernement. Au-lieu que s'il pouvoit imposer de nouvelles taxes, comme nos Princes Européens, son intérêt se trouveroit tellement uni à celui de son Peuple, qu'il s'appercevroit immédiatement de tous les désordres qu'entraînent ces levées d'argent irrégulieres, & qu'il éprouveroit qu'une livre sterling, levée par une imposition générale, auroit des effets moins pernicieux, qu'un scheling qu'il extorque d'une maniere si inégale & si arbitraire.

DISCOURS VIII.

Du Crédit public.

IL paroît que la pratique commune de l'Antiquité, a été de faire des provisions en tems de paix pour les nécessités de la guerre, & d'amasser d'avance des trésors, comme des instrumens de conquête ou de défense, sans se fier aux impositions extraordinaires, & bien moins encore en empruntant dans des tems de désordre & de confusion. Outre les sommes immenses, dont j'ai parlé ailleurs (*a*), qui furent amassées par Athènes, par les Ptolomées, & les autres Successeurs d'Aléxandre, nous apprenons de

(*a*) Discours V.

Platon (*a*), que la frugale Lacédémone avoit auſſi amaſſé un grand tréſor. Arrien (*b*) & Plutarque (*c*) ſpécifient les richeſſes dont Aléxandre s'empara à la conquête de Suſe & d'Ecbatane ; & dont une partie étoit en réſerve depuis le tems de Cyrus. Si je m'en ſouviens bien, l'Ecriture fait auſſi mention du tréſor d'Ezéchias & des autres Princes Juifs, comme l'Hiſtoire profane parle de ceux de Philippe & de Perſée Rois de Macédoine. Les anciennes Républiques des Gaules

---

(*a*) Alcib. 1.

(*b*) *Lib.* 3.

(*c*) *Plut. in vita Alexand.* Il fait monter ces tréſors à quatre-vingt mille talens, ou environ quinze millions ſterling. Quinte-Curce, *Liv.* 5. *Chap.* 2. dit qu'Aléxandre trouva à *Suſe* au-deſſus de cinquante mille talens.

avoient communément des ſommes conſidérables en réſerve (*a*). Tout le monde connoît le tréſor que Céſar ſaiſit à Rome pendant les guerres civiles. Nous trouvons après que les Empereurs les plus prudens, Auguſte, Tibère, Veſpaſien, Sévère, montrerent toûjours la ſageſſe de leur prévoyance, en amaſſant de grandes ſommes pour faire face aux néceſſités publiques †.

Au contraire, notre expédient moderne qui eſt devenu très-général, eſt d'engager les revenus publics & de compter que la poſtérité pendant la paix, acquittera les charges contractées pendant la guer-

---

(*a*) Strabon, Liv. 4.

† Lorſqu'Henri IV. ſe diſpoſoit à faire la guerre à l'Eſpagne, il avoit trente-ſix millions dans ſes coffres.

Mémoires de Sully, Liv. XXVII.

re précédente. Ceux qui ont devant leurs yeux l'exemple de leurs Peres, ne laissent pas de se reposer avec la même prudence sur leur postérité, qui à la fin, par nécessité plutôt que par choix, est obligée de placer la même confiance dans une nouvelle postérité. Mais pour ne pas perdre le tems à déclamer contre une pratique qui paroît si évidemment ruineuse; il est très-certain que les maximes anciennes sont à cet égard bien plus prudentes que les modernes; quand bien même les dernieres eussent été renfermées dans des bornes raisonnables, & eussent quelquefois dans les tems de paix été suivies d'assez de frugalité, pour acquitter les dettes d'une guerre coûteuse; car pourquoi le cas seroit-il si prodigieusement différent entre le Public & un Particulier, qu'il nous obligeât d'établir des maximes si oppoſées de conduite pour l'un ou pour l'autre ? Si les fonds du premier ſont plus grands, ſes dépenſes néceſſaires ſont proportionnément plus fortes; ſi ſes reſſources ſont plus nombreuſes, elles ne ſont pas infinies, & comme ſa conſtitution doit être calculée pour une plus longue durée, que celle d'une ſeule vie ou même d'une famille, elle devroit auſſi embraſſer des maximes conſtantes, grandes & généreuſes, convenables à l'étendue ſuppoſée de ſon existence. La néceſſité des affaires humaines nous réduit ſouvent à nous fier au haſard & aux expédiens qui dépendent du tems ; quant à ceux qui choiſiſſent volontairement de pareilles reſſources, ſi les malheurs auxquels ils s'expoſent leur arrivent, ce n'eſt point la néceſſité qu'ils en doivent accuſer, c'eſt leur propre folie.

Si les abus des trésors sont dangereux, soit en engageant l'Etat en des entreprises téméraires, ou en faisant négliger la discipline militaire, par la confiance qu'on a dans les richesses ; les abus qui résultent des revenus publics engagés, sont plus certains, ou plutôt sont inévitables, & ce sont la pauvreté, l'impuissance, & l'assujettissement à des Puissances étrangeres.

Suivant notre Politique moderne, la guerre est accompagnée de tous les genres de destruction, qui sont la perte des hommes, l'augmentation des Impôts, la ruine du Commerce, la dissipation de l'argent, le pillage par terre & par mer. Suivant la pratique des Anciens, l'ouverture du trésor public en produisant une abondance extraordinaire d'argent, servoit pour un tems d'encouragement à l'industrie, & dédommageoit

dommageoit en quelque ſorte des calamités inévitables de la guerre. Que dirons-nous d'un Paradoxe nouveau, mais plus étrange encore ? On ne craint pas d'avancer aujourd'hui que les charges publiques ſont par elles-mêmes avantageuſes, indépendamment de la néceſſité de les contracter, & que tout état même ſans être preſſé par l'ennemi ne peut choiſir un expédient plus ſage pour augmenter le Commerce, & multiplier les richeſſes que de créer des fonds, des dettes & des taxes ſans bornes †.

---

† *En 1731. il parut un Mémoire Anglois pour prouver* qu'un Etat devenoit plus floriſſant par ſes dettes. M. MELON *qui le cite pour appuyer ſon ſyſtème, n'en avoit vû que l'Extrait qui ſe trouve dans les Gazettes de ce tems-là. Il en eſt ainſi des autres Auteurs Anglois que* M. MELON *a cités. Il ne les a*

De ſemblables diſcours auroient pû paſſer pour des épreuves d'eſprit parmi des Rhétoriciens, comme des Panégyriques de la Folie & de la Fiévre, ou ceux de Néron & de Buſiris, ſi nous n'avions pas vû ces maximes abſurdes préconiſées par de grands Miniſtres, & adoptées en Angleterre par

connus que par des Extraits que des amis lui ont communiqués ; c'eſt-à-dire, qu'il ne les a pas bien connus. Il eſt aſſez difficile de pénétrer le véritable eſprit d'un Auteur, dont on n'entend pas la Langue. Par exemple, M. MELON *qui ne ſavoit pas l'Anglois, & qui fait peut-être un peu trop de cas de ce Mémoire, ne s'eſt pas douté que cet Ecrit, & pluſieurs autres de la même eſpéce, ne doivent être regardés que comme des Apologies du Miniſtere de ces tems-là, qui pour juſtifier une conduite que le gros de la Nation trouvoit également odieuſe & dangéreuſe, tâchoit de lui donner le change ſur ſes véritables intérêts.*

un parti tout entier. Quoique ces argumens frivoles (car ils ne méritent pas le nom de spécieux) n'ayent pû être le fondement de la conduite du Lord Orford , qui avoit trop de sens pour en choisir un pareil, ses partisans du moins y ont eu recours pour se défendre & éblouïr la Nation.

Examinons la conséquence des Dettes publiques, soit dans nos arrangemens domestiques par leur influence sur le Commerce & l'industrie, soit dans nos affaires avec les Etrangers par leurs effets sur les guerres & sur les négociations.

Il y a un mot qui est ici dans la bouche de tout le monde, qui a aussi fait fortune au-dehors, & qui est fort employé par les Ecrivains (*a*)

(*a*) Voyez Messieurs Melon, Du Tot

étrangers, à l'exemple des Anglois, & ce mot est celui de CIRCULATION: on s'en sert pour répondre à tout; j'avoue que depuis que je suis hors du Collége, j'ai cherché ce qu'il signifie dans le sujet en question, sans avoir pû parvenir à le découvrir. Quel avantage la Nation peut-elle recueillir par le transport aisé d'un fonds qui se fait d'une main à une autre main †? Ou peut-on faire

---

& Law, dans des Brochures publiées en France.

† *Les Principes de M.* MELON *sont en effet bien différens :* » La convention a donné » aux Crédits publics, c'est-à-dire, aux » Papiers de banque, la valeur de la mon- » noie, dont ils ne sont que représentatifs, » ensorte qu'une Ecriture en banque d'Am- » sterdam, ou un Billet de banque d'An- » gleterre, simple représentation d'une mon- » noie, qui d'elle-même n'est que conven-

quelque comparaiſon de la circulation des autres commodités à celle des Billets de l'Echiquier ou de la Compagnie des Indes ? Lorſqu'un

---

» tion, fournit un gage aſſûré pour tous les » beſoins, & devient une des plus grandes » richeſſes des Etats qui ſavent s'en ſervir. » La ſeule différence entre la monnoie & » le crédit, c'eſt que la monnoie eſt de » convention général & le crédit eſt ref- » traint ; mais il peut devenir général, s'il » eſt ſolidement établi. «

Eſſai ſur le Commerce, *Chapitre XIX*.

C'eſt dans la reſtriction de ce crédit, que conſiſtent le principal danger de ſe ſervir de papier, & la plus grande difficulté d'une queſtion que je n'ai garde d'entreprendre de décider. Je dirai ſeulement que dans ces avis oppoſés, ces deux Auteurs paroiſſent chacun avoir pris à tâche de combattre les opinions les plus reçues dans leurs différens Pays. En Angleterre on penſe plus communément comme M. MELON, *en France comme* M. HUME.

Manufacturier vend promptement les commodités qu'il a travaillées au Marchand en gros, celui-ci au Marchand qui tient boutique, ce dernier aux pratiques qui viennent se fournir chez lui; un pareil débit anime l'industrie, & donne un nouvel encouragement au premier Entrepreneur ou Manufacturier, & à tous ceux dont il se sert, & leur fait produire plus, & de meilleures commodités de la même espéce.

Dans ce cas il est pernicieux que ce qui doit circuler vienne à croupir, parce qu'il s'ensuit un dommage réel, & que la main industrieuse est arrêtée ou engourdie dans un travail qui supplée aux nécessités, ou contribue aux agrémens de la vie. Mais quelle production, ou même quelle consommation devons-nous à la Bourse, excepté le Caffé, les plumes, l'encre & le papier (*a*)? Quelle perte, ou quelle diminution de quelque Commerce avantageux, ou de quelque commodité pourroit arriver quand cette Place & tous ses Habitans seroit pour jamais engloutis au fonds de l'Océan †!

(*a*) Toutes ces choses se vendent à l'endroit où se tient la Bourse de Londres.

† *Un Auteur Anglois qui a écrit contre les* Agioteurs, *qu'il traite de* Vermine, *qui corrompt le Commerce, prétend de plus que:* » Quelque florissant que soit, & quelque » tems qu'ait duré une sorte de Commerce, » l'agiotage à la fin lui deviendra fatal : car » tant qu'il est permis à ces *filoux Nationaux*, ils n'ont plus besoin de hasarder » leur argent sur des Vaisseaux, qui trafiquent aux extrémités du monde : ils se » contentent de croiser & de pirater dans » les cours de la Bourse, où ils font un » prodigieux nombre de prises. Il est abominable de voir *le Change Royal*, la plus » noble Bourse de l'Europe, qui devroit

Mais quoique ce terme de Circu-

» être un Palais pour des Princes (car c'est » ainsi qu'on peut appeller d'honorables Mar- » chands) devenir une Caverne de vo- » leurs. «

Observations sur le Commerce, &c. Londres 1732.

Le plus grand nombre des Auteurs Anglois qui ont écrit sur le Commerce sont dans les mêmes principes, & tiennent à peu près le même langage : la dureté des expressions ou le manque de politesse de style ne diminuent rien de l'autorité de ces Ouvrages ; ils sont composés la plûpart par des Marchands, dont la profession n'est pas de bien écrire. Lorsqu'ils connoissent la matiere qu'ils traitent, qu'ils s'expliquent clairement, & qu'ils raisonnent conséquemment, ils ont atteint leur but : l'importance de l'objet, ne permet pas de faire attention à la forme. Si dans ce que dit M. MELON, *en faveur des Agioteurs, il n'attaque qu'un préjugé ; on peut dire qu'il est général, & il est aisé de s'appercevoir qu'il n'a pas osé le heurter de front.* » Ce n'est » point ici une Apologie des Agioteurs ;

lation n'ait jamais été expliqué par ceux qui insistent si fort sur les avantages qui en résultent, il paroît cependant que la Circulation dont je parle, pourroit opérer les mêmes à peu près que ceux qui naissent de nos charges publiques ; comme en effet, il ne se trouve point en pareil cas de mal humain qui ne soit accompagné de quelque bien, c'est ce que nous allons tâcher d'expli-

---

» leurs manœuvres criminelles ne secondent » que trop bien l'imprudence du papier. » Mais de ce qu'un Commerce a donné oc» casion à des Monopoles, ce n'est pas une » raison pour le supprimer ; il suffit qu'il » soit corrigé, & alors l'Agioteur seroit mis » dans la Classe des autres Négocians, ou » du moins dans celle des Marchands Fri» piers. « *Il étoit question de prouver que par eux-mêmes ces Fripiers étoient plus favorables que nuisibles au Commerce, & c'est ce que M. MELON n'a pas fait.*

quer afin que nous puiſſions apprécier au juſte l'utilité dont la Circulation peut être.

Les Sécurités publiques ſont devenues parmi nous une eſpéce de monnoie, & ſont reçues avec la même confiance au prix courant de l'or & de l'argent. Toutes les fois qu'il ſe préſente quelque entrepriſe profitable quoique coûteuſe, il ſe trouve toûjours aſſez de gens pour s'en charger; un Négociant qui a de l'argent placé dans les fonds publics, ne craindra pas de ſe jetter dans le Commerce le plus étendu, puiſqu'il ſe trouve par-là en état de répondre à quelque ſoudaine demande qu'on puiſſe lui faire. Aucun Marchand n'a beſoin de garder chez ſoi une ſomme d'argent conſidérable; les Billets ſur la Banque, ou ſur la Compagnie des Indes, les derniers ſur-tout, lui ſont abſolument de la même utilité, parce qu'il peut en disposer ou les engager à un Banquier dans un quart d'heure, & qu'en même tems ils ne demeurent pas inutiles, même dans le Porte-feuille, puisqu'ils lui rapportent un revenu constant. Enfin, nos dettes nationales fournissent les Marchands d'une espéce de monnoie, qui se multiplie continuellement dans leurs mains, & qui produit un gain sûr outre les profits de leur Commerce. Ceci doit les mettre en état de pouvoir se borner dans le trafic à un moindre profit; le petit profit du Marchand rend la commodité à meilleur marché, occasionne une plus grande consommation, fait travailler le petit Peuple, & répand les arts & l'industrie dans toute la société.

Nous pouvons aussi observer qu'il y a en Angleterre, & dans tous les Etats qui ont du Commerce & des dettes publiques, une sorte d'hommes qui sont moitié Marchands & moitié possesseurs de cette espece de fonds, & que l'on doit supposer se contenter de petits profits, parce que le Commerce n'est ni leur principale, ni leur seule affaire, & que leur revenu dans les fonds publics, est une sûre ressource pour eux & pour leurs familles. Sans la facilité que donnent ces effets, beaucoup de Marchands n'auroient d'expédiens pour réaliser, ou pour assûrer une partie de leurs profits, qu'en achetant des terres; & les terres ont de grands désavantages, en comparaison de ces papiers qui entrent eux-mêmes dans le Commerce: elles demandent plus d'application & de soin; elles partagent le tems & l'attention du Marchand. Il n'est pas si aisé de les convertir en argent, s'il se présente quelque offre avantageuse, ou quelque accident extraordinaire dans le Commerce, & comme elles attachent trop, soit par les plaisirs naturels qu'elles causent, soit par l'autorité qu'elles donnent, elles font bien-tôt du Bourgeois un Gentilhomme de Campagne. Ainsi l'on peut supposer naturellement qu'un plus grand nombre d'hommes, avec des fonds & des revenus considérables, continueront à être Négocians dans les Pays où il y a des dettes publiques ; & il faut avouer que ceci est de quelque avantage pour le Commerce, en diminuant les profits, en augmentant la circulation, & en encourageant l'industrie (*a*).

(*a*) A ce sujet j'observerai, sans inter-

Mais si vous opposez à ces deux circonstances favorables qui ne sont pas peut-être de grande importance, les désavantages sans nombre qui accompagnent nos Dettes publiques dans toute l'économie intérieure de l'Etat, vous ne trouverez aucune comparaison entre le bien & le mal qui en résultent.

Premierement, il est certain que les Dettes nationales attirent une prodigieuse affluence de peuple & de richesses dans la Capitale, par les

---

rompre le fil de l'argument, que la multiplicité de nos dettes publiques, sert plutôt à faire tomber l'intérêt, & que plus le Gouvernement emprunte, plus il doit s'attendre d'emprunter à bon marché ; ce qui est contraire à l'apparence & à l'opinion commune. Les profits du Commerce ont une influence sur l'intérêt. Voyez le Discours IV.

grandes ſommes que l'on leve dans les Provinces pour payer l'intérêt de ces Dettes, & peut-être auſſi par les avantages dans le Commerce, dont je viens de parler, qu'elles donnent aux Marchands dans la Capitale ſur le reſte du Royaume †. La queſtion ſe réduit à ſavoir, ſi dans notre poſition, il eſt de l'intérêt public que l'on accorde tant de priviléges à Londres que l'on a déjà portés à un point ſi énorme, & qui paroiſſent encore augmenter tous les jours : beaucoup de gens en craignent les conſéquences. Pour moi je ne puis m'empêcher de penſer, que quoique la tê-

† » Les accroiſſemens de la Capitale dé» pendent de la quantité de rentes, de pen» ſions, de gages attribués aux Habitans, » &c. «

M. MELON, *Chapitre XXII.*

te ſoit ſans contredit trop groſſe pour le corps, cependant cette grande Ville eſt ſi heureuſement ſituée, que l'énorme quantité de ſes Habitans eſt un moindre inconvénient que ne feroit même une plus petite Capitale pour un plus grand Royaume. Il y a plus de différence entre le prix des denrées à Paris & en Languedoc, qu'il ne s'en trouve à cet égard entre Londres & la Province d'Yorck †.

Secondement, les fonds publics étant une ſorte de papier de crédit, ont tous les déſavantages attachés à

---

† L'Auteur eſt aſſez au fait de ce qui ſe paſſe en France. En 1753. la meſure de blé valoit à Paris vingt-une à vingt-deux livres : en Languedoc la même meſure cinq à ſix livres; & ce qu'il y a de plus étonnant, on en achetoit de l'Etranger en Provence.

cette eſpéce de monnoie. Ils banniſſent l'or & l'argent du Commerce le plus conſidérable de l'Etat, ils les réduiſent à la Circulation commune, & par ce moyen rendent les proviſions & le travail plus chers qu'ils ne le ſeroient autrement.

Troiſiémement, les taxes qui ſont levées pour payer l'intérêt de ces dettes embaraſſent l'induſtrie, hauſſent le prix du travail & ſont une oppreſſion ſur le petit peuple.

Quatriémement, comme les Etrangers poſſédent une partie de nos fonds nationaux, ces Dettes rendent en quelque maniere le Public leur tributaire, & peuvent avec le tems occaſionner le tranſport de notre peuple & de notre induſtrie.

Cinquiémement, la plus grande partie du fonds public étant toûjours dans les mains de gens pareiſſeux qui vivent ſur leurs revenus;

nos effets de cette espéce donnent un grand encouragement à la vie oisive & inutile.

Mais quoiqu'en balançant le tout, le tort que nos fonds publics font au Commerce & à l'industrie soit très-considérable, il n'est rien, en comparaison du dommage qui en résulte pour l'Etat, considéré comme un Corps politique, qui doit se soûtenir lui-même dans la société des Nations, & avoir affaire aux autres Etats dans les guerres & dans les négociations. Ici le mal est pur & sans mêlange, sans aucune circonstance favorable qui puisse entrer en compensation, & ce mal est de la nature la plus grave & la plus importante †.

---

† Ce sont toutes ces considérations qui ont fait dire à M. DAVENANT, que *les*

On nous dit, à la vérité, que le Public n'eſt pas plus foible à la raiſon de ſes dettes, puiſqu'elles ſont la plûpart dûes entre les Habitans du Pays, & qu'elles apportent autant à l'un qu'elles tirent de l'autre. C'eſt comme ſi l'on tranſportoit de l'argent de la main droite à la gauche, ce qui fait que la perſonne n'eſt ni plus riche, ni plus pauvre qu'auparavant †. Ces comparaiſons ſpécieuſes & ces raiſonnemens, quoi-

dettes publiques étoient ſemblables à ces vers rongeurs, dont les ravages ſecrets dans un corps abſorbent enfin ſa ſubſiſtance.

† » Les dettes d'un Etat, ſont des dettes » de la main droite à la main gauche, » dont le corps ne ſe trouvera point affoi- » bli, s'il a la quantité d'alimens néceſſai- » res, & s'il ſait les diſtribuer. «

M. MELON, *du Crédit public*, *Chapitre XXII.*

que foibles, pourroient paſſer ſi nous n'avions pas à juger ſur des principes. Je demande s'il eſt poſſible dans la nature des choſes de ſurcharger des peuples de Taxes, même lorſque le Souverain réſide parmi eux. Le ſeul doute paroît extravagant, puiſqu'il eſt néceſſaire que dans chaque République il y ait une certaine proportion obſervée entre la partie laborieuſe & la partie oiſive; mais ſi le produit annuel de nos Taxes préſentes eſt engagé, ne faut-il pas en inventer de nouvelles? Et ne peut-on pas abuſer de cette reſſource pour l'Etat à un point qui la rende ruineuſe & deſtructive †?

† » Il n'importe pas à un Etat que l'ar-
» gent ſoit dans la poche de Jean, ou dans
» celle de Pierre; mais il importe à l'Etat
» que tout ſoit ordonné de façon, que celui
» entre les mains duquel il ſe trouve, ſoit

Dans toute Nation il y a toûjours quelque méthode de lever de l'argent plus facile que les autres, parce qu'elle est plus convenable à la maniere de vivre du peuple, & aux commodités qui sont à son usage. En Angleterre les droits sur la Dreche & sur la Biere rapportent un très-grand revenu, parce que les opérations de moudre demandent un tel appareil, qu'il est impossible de les celer. En même tems, ces denrées ne sont pas si absolument nécessaires à la vie, que leur augmentation de prix affectât beaucoup le petit peuple. Ces taxes étant

---

» encouragé à le faire circuler pour le bien » public : on pourroit ajoûter que chacun » ait ce qui lui appartient. «

M. LOCK, *Some considerations of the consequences, of the lowering, of interest, and raising, the value, of money.*

toutes engagées, quelle difficulté pour en trouver de nouvelles ! Et pour les pauvres quelle véxation ! Quelle ruine !

Les droits sur les consommations sont plus égaux & moins à charge que ceux sur les possessions. Quel malheur pour le public que les premiers soient épuisés ! Et que nous soyons obligés d'avoir recours aux moyens les plus onéreux de lever des Taxes !

Si tous les propriétaires de terres n'étoient que les Intendans du Public, la nécessité ne les obligeroit-elle pas à mettre en œuvre tous les artifices que pratique les Intendans pour exercer l'oppression, lorsque l'absence & la négligence du propriétaire les mettent à l'abri de toute recherche ?

Quelqu'un osera-t-il assurer qu'on ne doit mettre aucunes bornes aux

Dettes nationales, & que le Public ne ſeroit pas plus foible quand il y auroit douze ou quinze ſchelings par livre ſterling, de Taxes ſur les terres, engagés avec tous les droits & les impôts d'aujourd'hui ? Cette opération a donc quelque autre effet que la ſimple tranſportation de propriété d'une main à l'autre. En cinq cens ans la poſtérité de ceux qui ſont en carroſſe, & de ceux qui vont derriere, aura probablement changé de place, ſans que le Public ait été affecté de ces révolutions.

Il faut avouer que parmi les hommes de tout rang, une longue habitude a introduit une étrange nonchalance à l'égard des Dettes publiques †, & qui reſſemble beaucoup

---

† *Pendant vingt ans que* M. WALPOLE

à celle dont nos Théologiens se

---

a gouverné l'Angleterre, les hommes de la Nation les plus recommandables par leur esprit & leurs lumieres, Mylord Bolingbroke, Mylord Chesterfield, Mylord Cartheret, M. Windham, M. Pulteney, le Docteur Swift, le Docteur Arbuthnot, & tant d'autres ont travaillé constamment, soit dans le Craft'sman, *soit dans d'autres Ecrits particuliers à éclairer la Nation. Le Ministre sans l'aveugler, trouvoit le moyen de la faire concourir à ses fins. Ceux qui la représentent, & qui par conséquent lui donnent des loix, gagnés par des places ou des pensions, ont toujours fermé les yeux. De tous les Ouvrages qui ont été faits à ce sujet, je ne citerai que celui que l'on peut dire être de main de Maître, ce sont les* RÉFLEXIONS sur l'Etat présent de l'ANGLETERRE, *principalement eu égard à ses Taxes & à ses Dettes, que l'on trouvera à la fin de ce Discours. L'Auteur est dans les mêmes principes, & tient précisément le même langage que M.* HUME.

plaignent

plaignent avec tant de véhémence à l'égard de leurs dogmes Religieux.

Nous convenons tous que l'imagination la plus propre à se flatter ne sauroit espérer que ce Ministere, ou aucun autre à l'avenir, aient une frugalité assez rigide & assez constante, pour faire quelque progrès considérable dans l'acquittement de nos dettes, ou que la situation des affaires étrangeres leur laissent d'ici à long-tems assez de loisir & de tranquillité pour exécuter une pareille entreprise (*a*). *Que deviendrons-*

(*a*) Dans les tems de paix & de tranquillité, les seuls où il est possible de payer des dettes, ceux dont le revenu est en argent placé à intérêt, n'aiment pas à être remboursés par partie, de sommes qu'ils ne savent comment placer avantageusement. Ceux qui ont des terres sont contraires à la

nous donc ? Si nous avions assez de Religion & de résignation à la Providence, cette question, ce me semble, mériteroit d'être examinée du moins spéculativement, & peut-être ne seroit-il pas impossible d'en donner quelque solution conjecturale. Ici les événemens ne dépendront pas des hasards, des batailles,

---

continuation des taxes nécessaires pour acquitter l'Etat. Pourquoi donc un Ministre prendroit-il des mesures si désagréables à tous les partis ? Pour l'amour, je suppose, d'une postérité qu'il ne verra jamais, ou de quelques personnes raisonnables & réfléchissantes, qui, toutes réunies, n'auroient pas assez de crédit pour lui assûrer une Election dans le plus petit bourg d'Angleterre. Il n'est pas vrai-semblable que nous trouvions jamais un Ministre si mauvais politique. A l'égard de ces maximes intéressées & destructives, tous les Ministres sont assez habiles pour les mettre en pratique.

des négociations, des intrigues & des factions : il y a un progrès naturel des choses qui doit guider notre raisonnement.

Comme il n'eût fallu qu'un peu de prudence, lorsque pour la premiere fois nous avons commencé cette pratique d'engager les fonds publics, pour prévoir, de la nature des hommes en général & des Ministres en particulier, que les choses parviendroient au point où nous les voyons; de même à présent qu'elles sont arrivées jusques-là, il n'est pas difficile d'en deviner la conséquence: & certainement ce ne peut-être que l'un de ces deux événemens, il faut ou que la Nation détruise le Crédit public, ou que le Crédit public détruise la Nation. En Angleterre, comme dans quelques autres Pays, il est impossible que tous les deux subsistent de la maniere dont on les a gouvernés jusqu'ici.

Il y a eu, à la vérité, un plan pour le payement de nos dettes, qui a été proposé par un vertueux Citoyen, M. Hutchinson, il y a plus de trente ans, & qui a été approuvé par quelques personnes de sens, mais qui ne pouvoit jamais avoir son effet. Il assûroit qu'il y avoit de l'erreur à imaginer que le Public fût comptable de cette Dette, parce que chaque Particulier en devoit une partie proportionnée, & payoit aussi dans ses taxes une partie proportionnée de l'intérêt, outre la dépense de la levée de ces taxes. Ne ferions-nous donc pas mieux, dit-il, de faire une distribution proportionnée de la dette parmi nous, & de contribuer, chacun de nous, une somme rélative à son bien ; & par ce moyen d'acquitter à la fois tous nos fonds & tous nos engagemens publics ? Il paroît n'avoir pas considéré que le Peuple qui travaille paye une grande partie des taxes par sa consommation journaliere, quoique ces pauvres Laboureurs, Artisans, &c. ne soient pas en état d'avancer à la fois une partie proportionnée de la somme qui seroit demandée. Ajoûtons que la propriété en argent ou en marchandises commerçables, pourroit aisément être celée ou déguisée, & que la propriété en terres & en maisons qui est visible, seroit réellement obligée à la fin de répondre pour le tout, d'où résulteroient une inégalité & une oppression auxquelles il ne seroit pas possible de se soûmettre.

Mais quoique ce projet ne doive vrai-semblablement jamais avoir lieu, lorsque la Nation se lassera enfin de ses Dettes, ou pour mieux dire, quand elle en sera entiérement opprimée, il ne faudra pas être surpris s'il arrive quelque Visionnaire, avec des plans pour l'en décharger; & comme en ce tems le Crédit public commencera à être ébranlé, pour peu qu'on y touche, on le détruira, comme cela est arrivé en France, & de cette maniere *il mourra de la main des Médecins* (*a*).

(*a*) Quelques Etats voisins se servent de moyens très-faciles pour diminuer leurs dettes publiques. Les François sont dans l'usage (comme autrefois les Romains) d'augmenter leur monnoie, & l'on y a tellement accoûtumé la Nation, que ces augmentations ne font aucun tort au Crédit public, quoique par un Edit, elles retranchent à la fois une partie de leurs dettes. Les Hollandois diminuent l'*intérêt*, sans le consentement de leurs Créanciers; ou ce qui est la même

Mais il est plus probable que le manquement de foi publique sera l'effet nécessaire des guerres, des défaites & des calamités, ou peut-être des victoires & des conquêtes. Je l'avoue, lorsque je vois des Princes & des Etats se querellant & combattant au milieu de leurs dettes, des fonds & des charges publiques, cela m'offre l'image de gens

---

chose, ils taxent arbitrairement les fonds, de même que les autres biens. Si nous pouvions mettre en pratique une de ces deux méthodes, nous ne courrerions pas le risque d'être opprimés par nos dettes nationales, & il n'est pas impossible que l'augmentation des charges publiques ne réduise un Ministere embarrassé à essayer un de ces deux moyens, ou peut-être quelque autre. Mais les gens dans ce pays-ci raisonnent si juste sur tout ce qui regarde leurs intérêts, qu'un tel expédient ne trompera personne, & qu'il est probable qu'un si dangereux essai fera tomber entiérement le Crédit public.

qui ſe batteroient au bâton dans une Boutique de Porcelaine. Comment peut-on eſpérer que les Souverains épargneront une ſorte de propriété, qui leur eſt pernicieuſe à eux & au Public, lorſqu'ils ont ſi peu de compaſſion des vies & des propriétés, qui ſont utiles au Public & à eux-mêmes. Laiſſons venir le tems (& ſûrement il viendra) lorſque les nouveaux Fonds créés pour les dépenſes néceſſaires de l'année, ne ſeront point ſouſcrits & ne produiront pas les ſommes projettées. Suppoſons ou que l'argent de la Nation eſt épuiſé, ou que notre confiance, qui juſqu'ici a été ſi grande, commence à nous manquer. Suppoſons que dans cette détreſſe la Nation ſoit menacée d'une invaſion, qu'on craigne une rébellion ou qu'elle commence déja à éclater : on ne peut équiper un

Eſcadron faute de paye & d'approviſionnemens, ou même on ne peut avancer un ſubſide étranger. Que faut-il que faſſe un Prince ou un Miniſtre dans une pareille conjoncture ? Le droit de ſa propre conſervation eſt inaliénable dans chaque Particulier, bien plus encore dans chaque Société ; & la folie de ceux qui ſeront à la tête de nos affaires, ſeroit alors plus grande que celle des premiers qui ont contracté ces dettes, ou ce qui eſt plus fort, que celle de ceux qui ſe ſont fiés & qui continuent encore à ſe fier à cette ſécurité, ſi ces Miniſtres ayant dans leurs mains des moyens de ſe tirer d'une telle extrémité, ils ne s'en ſervoient pas. Les Fonds créés & hypothéqués en ce tems produiront un revenu annuel conſidérable, ſuffiſant pour la défenſe & la ſûreté de la Nation. L'argent eſt peut-être au Trésor Royal prêt à être délivré pour acquitter un quartier d'intérêt. La néceſſité parle, la crainte preſſe, la raiſon exhorte, la compaſſion ſeule s'oppoſe & c'eſt en vain : on ſe ſaiſira de l'argent pour le ſervice courant, ſous les proteſtations les plus ſolemnelles peut-être de le remplacer immédiatement. Mais il n'en faut pas davantage, l'édifice entier déja chancelant tombe à terre & enſevelit des milliers d'hommes ſous ſes ruines. Voilà, je crois, ce qu'on peut appeller *la mort naturelle du Crédit public*. Voilà la révolution où il tend auſſi naturellement, que le corps animal tend à la diſſolution & à ſa deſtruction (*a*).

(*a*) Les Hommes en général ſont de ſi grandes dupes, que quelque violent que fût

Ces deux événemens, ſuppoſés

---

le choc que cauſeroit au Crédit public, une Banqueroute volontaire en Angleterre, il ne ſeroit peut-être pas long-tems ſans ſe relever dans une condition auſſi floriſſante qu'auparavant. Le préſent Roi de France, pendant la derniere guerre, a emprunté de l'argent à un intérêt plus bas que n'a jamais fait ſon Biſayeul, & auſſi bas que le Parlement d'Angleterre, en conſidérant le taux commun de l'intérêt dans les deux Royaumes : & quoique les hommes ſoient plus gouvernés par ce qu'ils ont vû, que par ce qu'ils prévoyent, cependant les promeſſes, les proteſtations, de belles apparences & les appas de l'intérêt préſent, ont ſur eux une influence ſi puiſſante, que peu ſont en état d'y réſiſter. Les hommes dans tous les ſiécles ſont pris aux mêmes piéges. Les mêmes manœuvres cent fois répétées les abuſent encore. Les excès de l'eſprit populaire & du Patriotiſme ſont encore le grand chemin du pouvoir & de la tyrannie ; la flatterie, celui de la trahiſon ; une armée ſur pié, celui du Gouvernement arbitraire, &

ci-dessus, sont déplorables ; mais

---

la gloire de Dieu, celui de l'intérêt temporel du Clergé.

La crainte de détruire pour jamais le Crédit, en supposant que c'est un mal, est un épouvantail inutile. Un homme prudent prêteroit réellement plutôt au Public, après qu'on viendroit de passer l'éponge sur les dettes qu'à présent : c'est ainsi qu'un Fripon opulent, quand même on ne pourroit pas le forcer à payer, est un Débiteur préférable à un honnête Banqueroutier ; car le premier, pour conduire ses affaires, peut trouver qu'il est de son intérêt de payer ses dettes, si elles ne sont pas exorbitantes, & le dernier n'est pas en état de le faire. Le raisonnement de Tacite, (*Hist. Liv.* 3.) comme il sera toûjours vrai, est très-applicable à notre situation présente : *Sed vulgus ad magnitudinem beneficiorum aderat : Stultissimus quisque pecuniis mercabatur : Apud sapientes cassa habebantur quæ neque dari, neque accipi, salvâ Republica poterant.* Le Public est un Débiteur que personne ne peut obliger à payer : la seule caution que les

ne sont pas les plus terribles. Par-là des milliers d'hommes sont sacrifiés à la sûreté de plusieurs millions d'autres : mais nous avons à craindre que l'événement contraire n'ait lieu, & qu'on ne sacrifie pour jamais des millions à la sûreté momentanée de quelques milliers (*a*).

Créanciers aient avec lui, est l'intérêt de conserver le Crédit, un intérêt qui peut aisément être balancé par une très-grande dette & par des conjonctures difficiles & extraordinaires, en supposant même ce Crédit totalement perdu. Ajoûtons qu'une nécessité présente, souvent force les Etats à prendre des mesures qui, à parler exactement, sont contre leurs intérêts.

(*a*) J'ai oüi dire qu'on avoit calculé que tous les Créanciers du Public, naturels & étrangers, montoient seulement à dix-sept mille. Ils font à présent figure sur leur revenu ; mais dans le cas d'une Banqueroute publique, ils seroient réduits à l'instant à la

Peut-être que notre Gouvernement populaire fera qu'il sera difficile ou dangereux pour un Ministre de hasarder un expédient aussi désespéré que celui d'une Banqueroute volontaire : & quoique la Chambre des Seigneurs & la plus grande par-

---

derniere misere. La dignité & l'autorité des possesseurs de terre, Nobles ou Roturiers, est bien mieux fondée, & rendroit la dispute très-inégale si jamais nous en venions à cette extrémité. On seroit tenté de fixer cet événement à une période très-prochaine, comme un demi-siécle, si les Prophéties que nos Peres ont faites de cette espéce, ne s'étoient déja trouvées fausses, par la durée de notre Crédit public, si fort au-delà de ce que l'on devoit raisonnablement attendre. Lorsque les Astrologues en France prédisoient chaque année la mort d'Henri IV. *A la fin*, disoit-il, *ils auront raison*. Ainsi nous nous garderons bien d'assigner une date précise, & nous nous contenterons d'indiquer l'événement en général.

tie de celle des Communes, ſoient en général composées de Poſſeſſeurs de terre, & qu'on ne puiſſe pas ſuppoſer par conſéquent qu'aucune des deux ſoit extrèmement intéreſſée dans les Fonds; cependant les liaiſons des Membres, avec ceux qui en ſont Propriétaires, peuvent être ſi grandes, qu'elles les attachent plus à la foi publique, que la prudence, la politique, ou la juſtice même, à parler ſtrictement, ne le demanderoient. Peut-être auſſi qu'au dehors nos ennemis, ou plutôt notre ennemi (car nous n'en avons qu'un à craindre) peut avoir aſſez de Politique pour découvrir que notre ſalut eſt dans notre déſeſpoir, & par conſéquent ne nous montrer le danger à découvert que lorſqu'il ſera inévitable.

La Balance du Pouvoir en Europe a paru à nos Grands-Peres &

à nos Peres, ainſi qu'à nous, trop inégale, pour qu'elle s'y maintienne encore long-tems, ſans notre aſſiſtance & beaucoup de vigilance de notre part : mais nos Enfans laſſés de ces efforts continuels, & accablés ſous le poids des charges publiques, peuvent demeurer oiſifs, & voir tranquillement leurs voiſins opprimés & conquis, juſqu'à ce qu'à la fin eux-mêmes & leurs Créanciers ſoient à la merci du Conquérant ; & à proprement parler, on peut appeller cet événement-ci *la mort violente du Crédit public* †.

---

† On trouvera dans l'Ouvrage de M. DE DANGEUL les détails les plus inſtructifs *ſur les Cauſes & les Progrès des Dettes de l'Angleterre*, & les Réflexions les plus ſages *ſur les Abus du Crédit national.* L'Auteur des *Elémens du Commerce* a auſſi tellement approfondi ces matieres qu'il ſemble ne laiſſer

Ce

Ce ſont là des événemens qui ne

---

rien à déſirer. Cependant elles ſont de ſi haute importance, que je crois qu'on ne peut les mettre dans un trop grand jour : j'ai cherché à puiſer dans les Auteurs Anglois eux-mêmes les lumieres dont elles ſont ſuſceptibles ; il eſt naturel que le Lecteur s'en rapporte plutôt à eux en ce qui regarde leur propre Pays. C'eſt ce qui m'a déterminé à faire imprimer à la ſuite de ce Diſcours *ſur le Crédit public*, un petit Ouvrage poſthume de Mylord BOLINGBROKE, que j'ai déja cité, & qui eſt préciſément dans les mêmes principes. Quand même la haute réputation de cet illuſtre Ecrivain, que M. SWIFT appelle le plus grand génie de l'Europe, ne préviendroit pas en ſa faveur, il eſt certain que ſur pluſieurs matieres, & ſpécialement ſur celle en queſtion, c'eſt un Homme d'Etat dont l'opinion doit faire autorité. Il y aura toûjours à profiter par-tout où il y aura des Dette publiques, de ce que Mylord BOLINGBROKE a écrit ſur les Dettes de l'Angleterre.

ſont pas fort éloignés, & que la raiſon prévoit auſſi clairement preſque, qu'elle peut appercevoir aucune des choſes qui ſont encore dans l'avenir; & quoique les Anciens aient ſuppoſé que pour atteindre au don de Prophétie, il falloit une certaine fureur divine ou une eſpéce de folie, on peut affirmer en toute ſûreté que pour débiter des Prophéties telles que celles-ci, il ne faut abſolument qu'être dans ſon bon ſens, & totalement garanti de la contagion des erreurs & de l'extravagance populaires.

RÉFLEXIONS
POLITIQUES
SUR L'ETAT PRÉSENT
DE L'ANGLETERRE,

Principalement à l'égard de ſes Taxes & de ſes Dettes, & ſur leurs cauſes & leurs conſéquences,

TRADUITES DE L'ANGLOIS DE MYLORD BOLINGBROKE.

Mihi autem non minori curæ eſt qualis Reſpublica, poſt mortem meam futura ſit, quàm qualis hodie ſit. CIC. in LÆL.

RÉFLEXIONS POLITIQUES SUR L'ETAT PRÉSENT DE L'ANGLETERRE,

TRADUITES DE L'ANGLOIS DE MYLORD BOLINGBROKE.

PUISQUE nous sommes ſortis d'une guerre la moins heureuſe & la plus coûteuſe que cette Nation ait jamais faite, après avoir pris part pendant ſoixante ans de ſuite, comme principaux Acteurs,

un peu plus de trois cens mille livres ſterling, au commencement de cette Epoque ; elles montent à préſent à quatre-vingts millions. C'eſt ſûrement l'objet d'une curioſité raiſonnable, & qui peut être utile, que de découvrir ce qui a produit un ſi grand changement dans l'état de la Nation.

Le Roi Guillaume s'engagea dans une guerre forcée avec la France, auſſi-tôt qu'il arriva au Thrône ; il étoit néceſſaire qu'il maintînt la Révolution qu'il avoit faite, & qu'il affermît le droit qu'il avoit acquis à la Couronne par le meilleur de tous les titres, le don libre d'un Peuple qu'il avoit délivré d'une deſtruction prochaine, du Papiſme & de l'Eſclavage. Cette guerre pouvoit auſſi paroître indiſpenſable à un autre égard.

Depuis le Traité de Weſtphalie

&

& celui des Pyrénées, la puissance & l'ambition de la France avoient augmenté en même tems & étoient devenues exorbitantes: loin d'avoir fait les efforts nécessaires pour arrêter cette Puissance, on n'en avoit même fait aucun capable de l'arrêter. On n'avoit concerté aucunes mesures, on n'avoit fait aucuns préparatifs pour faire échouer cette ambition, dans ce grand objet, l'acquisition de la Monarchie Espagnole à la Maison de Bourbon.

Depuis la Révolution on s'alarma de ce dont on auroit dû s'alarmer plutôt. L'esprit de notre Cour étoit changé; les yeux de notre Peuple s'ouvrirent, & tous les hommes virent combien il étoit nécessaire, de conserver, de concert avec les Espagnols, la succession de leur Monarchie à la Maison d'Autriche, au lieu de la laisser tomber dans celle de Bourbon, qui en étoit exclue par les engagemens les plus olemnels.

La Reine Anne vint au Thrône à la veille d'une autre grande guerre, d'une guerre contre la France & l'Espagne, que son Prédécesseur étoit prêt d'entreprendre lorsqu'il mourut, quoiqu'il ne l'eût pas encore déclarée, & dont l'objet étoit de procurer quelque satisfaction raisonnable à l'Empereur, pour une succession que sa famille avoit alors perdue par sa propre faute.

Le Roi Guillaume qui n'avoit eu que cet unique objet en entrant dans la premiere grande Alliance, n'auroit pas voulu s'engager à rien de plus dans la seconde; mais les intérêts particuliers des Ministres de la Reine, les intrigues de ses Alliés & l'imprudence d'un parti l'entraînerent beaucoup plus loin : & il faut avouer que cette manie de favoriser les intérêts de la Cour de Vienne, qui nous a coûté si cher, a commencé de son tems ; quoique son cœur fût, ce qu'elle déclaroit qu'il étoit, totalement Anglois, & non du tems du Roi Guillaume, quoiqu'on l'ait blâmé, très-injustement à mon avis, d'avoir eû trop d'égards pour des intérêts étrangers, & trop peu pour ceux de l'Angleterre.

La guerre que fit le Roi Guillaume ne fut pas heureuse, à beaucoup près : cependant si l'Empereur avoit consenti d'envoyer son second Fils en Espagne durant la vie de Charles II. le Roi Guillaume auroit réussi dans les deux objets de cette guerre. Il se seroit maintenu sur le Thrône, & auroit obligé la France de promettre de ne le point troubler dans la possession de son Royaume. Quant à l'autre objet, aucun traité de partage ne lui auroit paru nécessaire en ce cas, & l'Angleterre n'auroit eû rien de plus à faire, quand la succession d'Espagne auroit été ouverte, que de soûtenir avec la concurrence de toute la Nation Espagnole, un Prince Autrichien qui auroit été alors maître du terrein avec une armée Autrichienne, & qui auroit été déja déclaré l'héritier présomptif ; ainsi nous aurions pû avoir une guerre défensive à faire avec de grands avantages de notre côté, & les événemens de la guerre offensive que nous avons été obligés de faire après, prouvent suffisamment quel auroit été le succès de l'autre. Les Conseils de Vienne se faisoient un jeu, si je puis m'exprimer ainsi, de ce qui pouvoit nous conduire à notre ruine ; ainsi le Roi Guillaume en Prince sage, prit la résolution de n'expoſer ni le Pays, ni le ſien propre, à la tâche difficile de recouvrer la Monarchie entiere d'Eſpagne des mains de Philippe. Il accommoda ſon ſyſtème aux circonſtances du tems, & ſon unique but fut de forcer les François & les Eſpagnols à entrer en quelque compoſition ſur les prétentions Autrichiennes, ſur le Commerce, ſur la barriere, & ſur des moyens efficaces pour empêcher une future union de la France & de l'Eſpagne ſous une ſeule Monarchie.

C'eſt là tout ce qu'il avoit pour objet; mais ceux qui ſe plaiſoient dans la guerre, parce qu'ils eſpéroient d'y faire des fortunes immenſes, ceux qui s'amuſoient eux-mêmes, & qui amuſoient les autres par de vaines ſpéculations ſur une choſe très-réelle en elle-même, ſur la Balance du Pouvoir, entraînerent adroitement l'Angleterre & la Hollande dans des engagemens pour déthrôner Philippe, & mettre Charles en sa place, quoique nous eussions reconnu le premier, quoique les Castillans lui fussent fortement attachés, & quoiqu'il fût en paisible possession de la domination Espagnole dans les deux Hémisphéres. Flattés par des espérances mal fondées d'une révolution en faveur de son Rival, & animés par les premiers succès de nos armes, nous approuvames & nous soûtinmes cet engagement précipité, nonobstant l'absurde conduite de l'Empereur, & la sage réserve du Roi Guillaume qui auroient dû nous mettre également sur nos gardes, & nous rendre moins constans.

On peut faire à ce sujet une remarque qui en vaut bien la peine, & qui fut faite en ce tems par les

Eſpagnols qui reconnurent Philippe V. conformément au Teſtament de Charles II. & à qui cependant rien ne répugnoit tant, que l'aſcendant & l'autorité que la France prenoit ſur eux. Ils remarquerent que Cromwell les avoit obligés à donner leur Infante à Louis XIV. en joignant contre eux ſes Armes avec celles de France, & que nous étions venus à bout de les réduire un demi ſiécle après, par une nouvelle guerre, à une dépendance abſolue de la France.

La Cour de Vienne qui ſouhaitoit auſſi ardemment d'acquérir les domaines d'Italie, qu'elle paroiſſoit indifférente ſur l'Eſpagne & les Indes Occidentales, fit ſon profit de notre imprudence. Elle laiſſa ſupporter tout le poids de la guerre à l'Angleterre & à la Hollande. Elle fit pis, non-ſeulement elle négligea la guerre en n'y contribuant que peu ou presque en rien, excepté le nom d'Autriche & les droits de cette famille ; elle sacrifia le succès de la cause commune, car c'est ainsi qu'elle l'appelloit assez improprement toutes les fois qu'il se trouva quelque petit intérêt inférieur qui lui parut être le sien plus immédiatement. C'est par ces moyens que non-seulement elle prolongea la guerre, mais qu'elle en augmenta la dépense annuelle pour les Anglois & les Hollandois, sans prendre sur elle-même aucune partie de cette dépense qui mérite qu'on en fasse mention.

L'expérience ne nous servit de rien, notre délire politique continua. Il devint en quelque sorte habituel pour les artifices employés au-dedans, & par les victoires remportées au-dehors. Avec tout cela la guerre languiſſoit nonobſtant nos derniers efforts. Le poids de l'Autriche devenoit chaque année plus lourd pour nous, tandis que dans le même tems celui de l'Eſpagne devenoit plus léger pour la France. Les Eſpagnols à la fin étoient en état de ſe défendre eux-mêmes contre nous, & les ſuccès de nos ennemis en Eſpagne les dédommageoient de nos victoires en Flandre.

Le déthrônement de Philippe en faveur de Charles, étoit devenu évidemment un projet chimérique dès l'année mil ſept cens dix au plus tard, & il devint dans l'année ſuivante ſi inconſéquent par la mort de l'Empereur Joſeph, à qui ſon Frere Charles ſuccéda, qu'on ne peut concevoir que ceux qui alors même ſoûtenoient ce projet avec tant de clameur, fuſſent de bonne foi, puiſque leur but en ce cas auroit été de mettre ſur la même tête la Couronne Impériale & celle d'Eſpagne, contre l'intérêt commun de l'Europe, & le principe fondamental de la guerre.

Mais quoiqu'il nous fût alors impoſſible de conquérir l'Eſpagne par une guerre, nous aurions pû réduire la puiſſance exorbitante de la France par une paix, en la forçant de renoncer à cette barriere où cette Puiſſance exorbitante conſiſtoit principalement; ce que devoit avoir eû pour objet, tout homme qui ſavoit ce qu'il diſoit quand il parloit de cette Puiſſance exorbitante. Elle ſeroit demeurée par-là auſſi ouverte aux incurſions de ſes voiſins, que ſes voiſins le ſont aux ſiennes, auſſi ouverte qu'elle l'a été, lorſqu'un Prince Caſimir ou quelqu'autre Général des Reitres, pouvoit pénétrer ſans un ſiége, & quelquefois ſans une bataille dans le cœur de ſes Provinces.

Mais nous ne voulumes pas nous en tenir à ce dernier projet, parce que nous ne pouvions pas exécuter le premier. Nous agimes comme ſi nous avions crû qu'on ne pouvoit réduire la Puiſſance exorbitante d'une famille, ſans élever une Puiſſance auſſi exorbitante dans une autre, au lieu de nous rappeller les ſiécles précédens pour conſidérer les uſurpations, la tyrannie, & la bigotterie que la Maiſon d'Autriche avoit exercées dans la plénitude de ſa Puiſſance, & qu'elle exerceroit encore ſi jamais elle y étoit rétablie.

Nous échoüames dans nos grands projets politiques, après deux guerres qui, en y comprenant un court intervalle, avoient duré vingt-cinq ans. Nous avions fait tous nos efforts pour empêcher de réussir ce plan d'ambition que la France s'étoit ouvert à elle-même, & qui menaçoit tous ses voisins par le traité des Pirénées ; & quoique ce danger nous touchât moins qu'aucune autre Nation engagée dans l'Alliance, nous nous étions épuisés pour la soûtenir.

Lorsque le Roi Guillaume parut immédiatement après sur cette grande scéne d'action, l'Etat de la Nation qui n'étoit pas chargée de dettes, étoit tel qu'elle auroit pû soûtenir ce Prince dans le rôle qu'il y a joué avec la même profusion, & même plus efficacement par le revenu alors subsistant, par l'imposition sur les terres, par celle sur la Dreche, & par quelques subsides additionels qui tous auroient pû être levés dans l'année. Un plan de cette espéce fut formé & présenté, il fut reconnu pour être praticable ; mais il fut rejetté par un motif qui parut plausible dans ses conséquences. Il fut dit qu'un nouveau Gouvernement établi contre les anciens principes, & les engagemens actuels de plusieurs, ne pouvoit en aucune maniere être assuré aussi efficacement qu'il le seroit, si l'on faisoit dépendre les fortunes particulieres d'un grand nombre de sa conservation ; & que cela ne se pouvoit faire à moins qu'on ne les induisît à prêter leur argent au Public, & à recevoir des assurances sous le présent établissement. Telle est l'origine des fonds publics & du trafic de l'agiotage ; ainsi furent établies de grandes Compagnies, les prétendues créatures; mais à beaucoup d'égards les maîtres réels de chaque administration.

Je ne prétens pas déterminer jusqu'où la sagesse de notre Législation auroit pû se précautionner au commencement de la nouvelle guerre, contre l'augmentation & les progrès de cette humeur chancreuse, qui avoit commencé à ronger nos entrailles dans la premiere. Je remarquerai seulement que le crédit de ces Compagnies étant solidement établi en ce tems, & de pareils membres étant accoûtumés à faire des profits immenses aux dépens du Public, on ne doit pas s'étonner si nous suivimes le même plan durant le régne de la Reine Anne; nous le fimes, & les dettes contractées dans cette guerre étant ajoutées à celles de la premiere, la somme totale de nos dettes ne monta à guère moins de cinquante millions.

Après avoir accumulé une dette si immense, la Reine mit fin à la guerre; elle ne pouvoit tenter d'altérer le systême tant que cette guerre dura, sans jetter toute l'Alliance dans la confusion, après que quelques-uns des principaux Alliés avoient déclaré à la mort de Joseph, qu'ils ne consentiroient jamais que Charles fût tout à la fois Empereur & Roi d'Espagne.

L'intérêt de l'Angleterre nous obligeoit, sans doute, à détourner nos regards du Continent sur notre propre Isle, & à profiter des circonstances & des avantages que la paix nous procuroit †. Quelques

† » En libérant les revenus de l'Etat, & » en laissant les Peuples reprendre des for- » ces par la modération des impôts, l'ai- » sance & la douceur de la paix, l'emploi » de tous les fonds publics, & les secours » extraordinaires des Sujets enrichis de nou- » veau, seront suffisans pour les dépenses » d'une nouvelle guerre. En effet, il est

préventions qu'on ait adroitement répandues contre celle d'Utrecht, il eſt du moins certain que nous n'étions plus obligés par les Traités de prendre d'autre part dans les

---

» certain qu'un Etat qui n'acquitteroit point » ſes Dettes pendant la paix, & qui conti- » nueroit ſon cours de percevoir les mêmes » augmentations de tributs qu'exigeoient les » néceſſités de la guerre, ne ſe trouveroit » pas en état de réſiſter à de nouvelles atta- » ques : il en ſeroit même moins reſpecté » des autres Puiſſances, qui ſauroient qu'il » ſe prive des reſſources que peuvent don- » ner des Peuples repoſés & ſoulagés par » l'économie du Gouvernement, ſes Rivaux » ſur-tout verroient, avec Plaiſir, qu'il con- » ſomme imprudemment pendant la paix, » ce qu'il devroit réſerver pour un effort » extraordinaire. «

DON GERONYMO DE UZTARIZ, *Théorie & Pratique du Commerce & de la Marine*, *Chapitre* L X V I. A Paris, chez la Veuve Etienne, 1753.

affaires

affaires du Continent, que celle qu'exigeoit l'intérêt immédiat de notre propre Pays. L'occasion & les moyens de diminuer les Taxes, de faire revivre le Commerce & de payer les Dettes nous étoient ouverts.

Ce plan pacifique auroit dû certainement être suivi, jusqu'à ce que nous eussions rétabli nos affaires, recouvré notre premiere force en quelque degré suffisant, & jusqu'à ce que nous fussions en état de prendre aux événemens futurs la part que notre honneur ou notre intérêt pouvoient exiger : on devoit même s'attacher à ce plan d'autant plus nécessairement dans le cas où la France seroit demeurée trop puissante, peu importe par la faute de qui, comme je suis prêt à convenir qu'elle l'étoit ; & en effet on devoit regarder dans ce siécle les deux branches de Bourbon, de même que dans le dernier les deux branches d'Autriche, comme des Alliés inséparables unis par le sang & par une ambition commune. On auroit aussi trouvé ce plan facile à exécuter; une longue minorité commençoit en France, & d'ailleurs à cette Cour & dans ce Pays, plusieurs autres circonstances de caracteres & de situation y étoient extrèmement favorables.

Tel devoit être le plan de notre Politique, mais malheureusement il fut tout autre. Le feu Roi, comme Electeur d'Hanovre, avoit raison, sans doute, de désirer l'acquisition de Bremen & Verden. Notre Nation y contribua de son argent, & en vint à bout par ses armes: quoique cette entreprise fût totalement contraire aux engagemens que la Couronne d'Angleterre avoit pris, lorſque le Roi Guillaume donna ſa garantie au Traité de Travendalh. Cette acquiſition devint le premier anneau de cette chaîne politique, par laquelle nous avons été entraînés dans des troubles nouveaux & ruineux, dont nous ſentons encore aujourd'hui toutes les conſéquences.

Lorſque le Roi acquit ces Duchés, il devint néceſſaire d'en procurer l'inveſtiture ; & je puis dire, parce que je puis le démontrer, qu'on auroit pû procurer ces inveſtitures, & flatter l'Empereur de l'acquiſition de la Sicile par des meſures auſſi efficaces & beaucoup plus conſéquentes avec les premiers Traités & la tranquillité publique, que celles qui furent priſes. La maiſon d'Autriche ſacrifia le ſuccès de la guerre à l'acquiſition immédiate de Naples. Nous ſacrifiames tous les avantages de la paix pour lui procurer celle de la Sicile de la maniere que nous la lui procurames. J'ai entendu dire tandis que ces affaires se négocioient, que le Traité de la Quadruple Alliance completteroit celui d'Utrecht ; mais l'événement a montré, & il étoit aisé de prévoir qu'un de ces Traités détruiroit le systême de l'autre. Si nous avions maintenu la neutralité d'Italie, comme nous étions obligés de le faire par les Traités, même en favorisant l'Empereur dans l'acquisition de la Sicile, & cédant à la Maison de Savoye les successions éventuelles, qui selon nos stipulations auroient dû être données à l'Espagne, l'intention du Traité d'Utrecht auroit été suivie, & la France, en concourant dans ces mesures, auroit montré sa sincérité dans le projet de maintenir l'établissement de l'Europe ; mais lorſqu'elle devint un des Membres de la Quadruple Alliance, elle n'avoit d'autre intention que de donner à la branche Eſpagnole de Bourbon une occaſion d'annexer de nouveau à cette Couronne les domaines d'Italie ; & nous fumes groſſièrement ſes dupes, lorſque nous triomphames de ce qu'elle étoit entrée dans la Quadruple Alliance, & de ce qu'elle fit une guerre de moquerie à Philippe pour y accéder.

Auſſi long-tems donc qu'il y eut des eſpérances d'obtenir une Inveſtiture extraordinaire de Bremen & Verden, nous flattames l'Empereur, non ſans qu'il nous en coûtât beaucoup. Dès qu'il parut qu'on ne pourroit obtenir cette inveſtiture autrement que comme elle avoit été accordée anciennement, nous l'inſultames. Nous lui imputames des desseins qu'il a constamment désavoués, & que nous n'avons jamais prouvés ; après quoi, nous nous plaignimes de son ingratitude, nous le menaçames de la guerre, & nous nous y préparames en maintenant avec grande profusion, une armée sur pié de Hessois en Allemagne. Les mêmes gens qui s'étoient plaints si récemment que la France étoit demeurée trop puissante par le Traité d'Utrecht, & qu'il naîtroit de grands dangers de son étroite liaison avec l'Espagne, se plaignoient à présent du trop grand pouvoir de la Maison d'Autriche, & du danger qui naîtroit d'une bonne intelligence entre l'Empereur & le Roi Philippe. Enfin notre Politique fut non-seulement variable, mais incompréhensible pour tout homme qui connoissoit l'état & l'intérêt de la Grande-

Bretagne ; mais qui n'étoit pas ſi bien au fait des différentes tournures d'intérêt qu'il falloit ménager au dehors.

Lorſque nos Miniſtres ſe furent une fois départis de la droite ligne de la Politique Angloiſe, la difficulté d'y revenir devint chaque année plus grande, & en même tems l'inclination moindre. Nous continuames à nous remuer, & à faire beaucoup de fracas dans chaque Cour de l'Europe. Nous négociames contre l'Empereur de concert avec la France, & nous lui donnames par-là les moyens de regagner plus de ce crédit & de cette influence dans l'Empire qu'elle avoit eue anciennement, qu'elle n'en auroit pu acquérir ſans notre aſſiſtance. Nous manoeuvrames pour faire au dehors une paix qui nous étoit auſſi à charge que la guerre. Au dedans on laissa prévaloir des abus de toute espéce. Le Commerce ne fut ni soulagé ni encouragé ; & l'acquittement graduel de nos dettes fut totalement négligé par un Ministre qui cherchoit plus à tenir son Pays sous cette oppression, qu'il n'ignoroit les moyens de l'en délivrer. Pendant que nous nous conduisions ainsi, la France devint frugale, elle rendit le poids des dettes qu'elle ne pouvoit pas payer plus supportable, elle accrut son crédit, elle étendit son Commerce. Enfin sa force augmenta & la nôtre diminua. Nous fumes réduits à un état de foiblesse que nous n'avions jamais sentie auparavant ; & cette même foiblesse étoit le prétexte dont on se servoit pour supporter lâchement les pertes que souffroient nos Marchands & tous les affronts que le Gouvernement recevoit, de peur que nous ne

fussions

fussions entraînés dans une guerre, en usant de représailles, le droit commun des Nations.

Quelque traitables que nous fussions, l'insolence des Espagnols, l'impatience raisonnable de nos Marchands, & cette même lâcheté de notre Gouvernement rendirent une guerre de Mer inévitable, précisément avant la mort de Charles VI. événement qui fit prendre les Armes aux principales Puissances de l'Europe, qui mit tout le continent en feu, & forma une de ces conjonctures où notre honneur & notre intérêt peuvent nous obliger de prendre part, & pour lesquels par conséquent nous devrions toûjours être préparés.

Nous ne l'étions en aucune maniere après vingt-six ou vingt-sept ans de paix ; & cependant lorsque nous y primes une part, nous primes la plus prodigue & la plus opposée à notre Politique que nous pouvions prendre. Ce fut une part misérable par Mer au commencement, & dans tout le cours de la guerre par terre. Je ne rappellerai ni ce que nous fimes, ni ce que nous négligeames de faire, & je souhaite pour l'honneur de mon Pays que le tout puisse être enterré dans l'oubli. Il importe seulement à mon dessein de remarquer : Premierement, que nos Conseils sembloient être les échos de ces Partisans Flibustiers, Trenck & Mentzel, qui ne parloient de rien moins que de conquérir les deux Alsaces & les Trois-Evêchés, & de dévaster la Champagne, tandis que tous nos projets offensifs échouoient chaque jour sur le Rhin. Secondement, que nous nous sommes refusés à toutes les ouvertures de paix, lorſque le ſiége de la guerre a été transféré avec grand avantage pour la France, de l'Allemagne dans les Pays-Bas, où nous étions réſolus de la faire bon gré malgré les Hollandois, & où nous avons été battus partout où Mylord Marlborough avoit fait des conquêtes.

Chaque défaite en cette guerre, de même que chaque triomphe dans la derniere devint une raiſon pour la continuer, & cette conduite pour laquelle on avoit aucune raiſon ſupportable à alléguer, donna lieu à ceux qui ſont ſoupçonneux & pénétrans de répandre beaucoup de ſcandale, & je crois avec raiſon. Enfin, quelqu'en fuſſent les raiſons, nous continuames cette guerre malheureuſe ſi long-tems, & nous la pouſſames ſi fort au-delà de nos forces, que nous étions réduits dans peu de mois à faire banqueroute, lorſque les François nous ont accordé miraculeuſement les mêmes conditions qu'ils nous auroient accordées deux ou trois ans auparavant ; & lorſqu'ils auroient pu marcher, ſans beaucoup de trouble ou d'oppoſition, après avoir pris Maeſtricht dans le cœur des ſept Provinces : car notre derniere reſſource, l'armée Moſcovite, étoit trop loin pour mettre la nôtre en état de faire réſiſtance.

En faiſant la guerre dans les Pays-Bas preſque entiérement à nos propres dépens, & ſans aucune eſpérance de ſuccès, notre but étoit de cauſer une telle diverſion aux forces de la France, qu'elle pût ne laiſſer rien à craindre à l'Allemagne ſur le Rhin, & qu'elle pût donner le tems & l'occaſion à l'Impératrice Reine de chaſſer les François & les Eſpagnols de la Lombardie. Nous nous ſacrifiames nous-mêmes à ce deſſein; mais en cette guerre comme dans la derniere, la Cour de Vienne ne ſacrifia rien. Depuis le tems que les François avoient été obligés plus par la maladie de leurs troupes, & la mauvaiſe conduite de leurs Généraux, que par la force des Armes Autrichiennes d'abandonner l'Allemagne; l'Impératrice Reine paroiſſoit faire la guerre préciſément comme il convenoit à ſa ſituation, pour ſauver le plus de dépenſe qu'il étoit poſſible dans les Pays-Bas, pour piller tout ce qu'elle pouvoit en Italie, & pour nous faire payer les ſubſides immenſes que nous donnions pour ces deux objets.

Dans les Pays-Bas, nous étions très-inférieurs en nombre par les manques de ſes Contingens: en Italie où nous avions jetté les Génois dans les bras de la France & de l'Eſpagne, avec une grande & juſte indignation contre nous pour le Traité que nous avions fait à Worms, & auquel cependant nous les avions obligés de ſe ſoumettre après la Bataille de Plaiſance, nous en perdimes tout l'avantage par l'inſatiable avarice & l'extrême brutalité des Autrichiens. Nous ne laiſſames pas de continuer encore nos efforts de ce côté-là; & la farce du ſiége de Gènes, car ce n'étoit pas autre choſe, & les invaſions ſi tranquilles de la Provence & du Dauphiné, n'avoient d'autre but que de nous amuſer, & de nous en impoſer dans la chaleur de notre zele.

Nos dépenſes dans chaque partie de cette étrange guerre, particulierement dans les Pays-Bas, ont été faites ſans meſure, parce qu'elles ont été faites arbitrairement, comme s'en convaincront bien-tôt ceux qui examineront les comptes de l'Artillerie, du Fourage, des Hôpitaux, & des autres dépenſes imprévues. Les ſubſides que le Parlement a fournis depuis l'année 1740. excluſivement, juſqu'à l'année 1748. incluſivement, montent à cinquante-cinq millions cinq cens vingt-deux mille neuf cens cinquante-neuf livres ſterling ſeize ſchelings & trois ſols, & la nouvelle dette que nous avons contractée à plus de trente millions, qui font près de vingt millions de plus de dette que la France n'en a contracté dans le même tems, une ſomme qui paroîtra incroyable aux Nations futures, & qui l'eſt preſque aujourd'hui même.

Il y a trois Réflexions à faire ſur cet état, qui doivent ajoûter à notre étonnement. La premiere, qu'une grande partie de cette dépense a été accordée à raison de la guerre, principalement depuis qu'il ne restoit aucun motif pour la continuer; c'est-à-dire, depuis le tems qu'il étoit en notre pouvoir d'avoir une paix du moins aussi avantageuse que celle que nous avons à présent obtenue, & je ne place pas cette époque plus haut que l'année 1747. quoique je pusse peut-être sur de très-bons fondemens la reculer encore davantage. La seconde, que la dette contractée en ce tems excéde de beaucoup celles des guerres du Roi Guillaume & de la Reine Anne, quoiqu'elles aient toutes deux été beaucoup plus longues, & que la derniere ait été non-seulement beaucoup plus étendue, mais portée dans des pays dont la distance & plusieurs autres circonstances augmentoient chaque article de notre dépense extraordinaire. La troisiéme, que nous avons jetté par nos Négociations & par la derniere guerre, dans les mains de la Maison de Bourbon, beaucoup plus de Domaine en Italie, qu'il n'en eût fallu pour engager les François à Gertruydenberg de rappeller Philippe, & abandonner l'Espagne & les Indes, ce qu'ils étoient prêts de faire à ces Conférences, comme Buys & Vanderdussen, en informerent les Ministres des Alliés en faisant un de leurs rapports à cette Assemblée.

Toute fâcheuse qu'est notre situation, ne désespérons pourtant pas. Ne pas désespérer de la République, quelque soit sa condition, c'est le principe d'un vrai Patriote; c'est-à-dire, d'un Homme qui sert fidellement son Prince & son Pays:

nous pouvons rappeller à ce ſujet un exemple qui mérite d'être cité dans un Livre qui eſt dans les mains de beaucoup de gens, & que j'imagine au moins qu'on aura lû à la Cour, je veux parler des Mémoires du Duc de Sully.

Nous y trouvons qu'Henri IV. s'appliqua tout entier à tout ce qui pouvoit être utile ou même convenable pour ſon Royaume, ſans ceſſer cependant de faire attention à ce qui arrivoit au-dehors, auſſi-tôt qu'il eut mis fin aux guerres civiles de France, & qu'il eut conclu la Paix avec l'Eſpagne à Vervins. Y a-t-il un homme, ſoit Prince ou Sujet, qui puiſſe lire, ſans être pénétré des ſentimens les plus élevés & les plus tendres, le langage qu'il tint à M. le Duc de Sully (*a*), à

(*a*) Voyez ſes Mémoires, Livre X. ſous l'année 1598.

ce tems, où il se crut lui-même prêt de mourir d'une grande maladie qu'il eut à Monceaux. » Mon » ami, lui disoit-il, je n'appréhen- » de nullement la mort ; vous le » savez mieux que personne, vous » qui m'avez vû en tant de pé- » rils, dont il m'étoit si facile de » m'exemter : mais je ne nierai pas » que je n'aie regret de sortir de la » vie, sans élever ce Royaume à la » splendeur que je m'étois propo- » sée, & avoir témoigné à mes » Peuples que je les aime, comme » s'ils étoient mes Enfans, en les » déchargeant d'une partie des Im- » pôts, & en les gouvernant avec » douceur †. «

† Ces paroles d'Henri IV. qui font un si grand effet, sont une preuve que la véritable éloquence est celle du sentiment. Et comment n'en seroit-on pas touché ? C'est

L'état de la France étoit alors

---

le cœur qui parle au cœur, pour me ſervir de l'expreſſion de M. DE BUFFON. L'Art n'imiteroit qu'imparfaitement le pathétique qui regne dans ces Diſcours. Cette même éloquence ſe retrouve preſque dans l'uſage qu'en fait M. le Comte DE BOLINGBROKE : il communique à ſes Lecteurs cette chaleur de ſentimens dont il eſt lui-même pénétré. Le Citoyen vertueux y paroît tranſporté de la façon de penſer d'un grand Roi, & le cœur y parle encore au cœur. C'eſt à cette ſenſibilité pour tout ce qui intéreſſe le bonheur des hommes, & que la ſeule apparence de pouvoir y contribuer émeut effectivement ; que parmi cette foule d'Ecrivains en tout genre, dont le beſoin ou la vanité font l'unique vocation, l'on reconnoît le petit nombre de ceux qui ſont véritablement appellés à l'un des plus nobles emplois de la Société, celui de l'éclairer, & qui ſont en effet dignes d'être les Précepteurs du Genre humain. Tel eſt Mylord BOLINGBROKE dans la plûpart de ſes Ouvrages, ſurtout dans ceux qu'il a faits pour n'être pu-

pire que celui de l'Angleterre ne

---

bliés qu'après sa mort. Comme il n'y a pas eu pour objet l'estime de ses Contemporains, quel autre principe peut les lui avoir dictés que l'amour du bien public & de la postérité ? Tel paroît être l'esprit qui l'anime toûjours, & qui le caractérise en effet parmi les Ecrivains Anglois. Aussi M. HUME dans son petit *Essai sur l'Eloquence* ne craint pas de dire que s'il s'étoit élevé un génie aussi cultivé que Mylord BOLINGBROKE durant les guerres civiles, lorsque la Liberté commençoit à s'établir, & que dans les Assemblées du Peuple on discutoit les points les plus essentiels du Gouvernement : il est persuadé, dis-je, qu'un exemple aussi illustre auroit donné un tour tout différent à l'éloquence Angloise, & qu'elle auroit pû atteindre la perfection des anciens modeles. » Alors, dit-il, nos Orateurs auroient fait honneur à notre Pays, » aussi-bien que nos Poëtes & nos Philosophes, & nous aurions eu nos Cicérons, » aussi bien que nos Platons & nos Virgiles. «

l'eſt à préſent : les Dettes auſſi con-

A l'égard du Diſcours d'Henri IV. il y regne cette ſorte de ſublime que la grandeur des ſentimens donne aux expreſſions les plus ſimples : il eſt d'autant plus remarquable qu'il n'étoit que l'effuſion de ſon cœur dans le ſein d'un Ami. Une Princeſſe de ſon ſiécle, & qu'on peut lui comparer à beaucoup d'égards, puiſque, comme lui, elle a fait la gloire & le bonheur de ſes Peuples, Eliſabeth dans une occaſion importante tint un Diſcours, qui, comme il étoit étudié, s'il n'eſt pas la preuve de la même bonté, du moins en eſt une certaine de ſa Prudence & de ſa Politique. Le Lecteur ne ſera peut-être pas fâché d'en voir ici la Traduction. Imitons les Anglois ; ils viennent juſques chez nous chercher des exemples de vertu : allons à notre tour nous inſtruire à leur Ecole, nous y trouverons ſouvent des modeles de ſageſſe.

La Reine Eliſabeth, dans la quarante-troiſiéme année de ſon Regne, accorda à quelques Marchands particuliers de certains

ſidérables, pluſieurs des Provinces

Priviléges, qui étoient contraires au Commerce général de la Nation. Le Parlement en fut très-mécontent : la Reine craignant d'avoir été trompée les révoqua ſur le champ. La Chambre des Communes ſenſible à la bonté de la Reine lui fit une Députation pour l'en remercier. Voici la Réponſe de la Reine à ces Députés.

» L'affection ſinguliere que non-ſeulement » vous me portez dans vos cœurs, mais » dont vous venez de me donner des preu» ves ſi manifeſtes, mérite de ma part & des » remercimens & des éloges ſinceres : vous » m'avez fait revenir d'une erreur qui pro» cédoit de mon ignorance & non de ma » volonté. J'aurois vû ces nouveaux Régle» mens tourner à mon deshonneur, moi, » à qui rien n'eſt ſi cher que le ſalut & l'a» mour de mon Peuple, ſi vous ne m'aviez » détrompée, & fait connoître les harpies » & les ſangſues qui m'avoient ſéduite. Que » mon cœur ou ma main périſſent, plutôt » que mon cœur ou ma main accordent à » des Monopoleurs des Priviléges préjudi-

entiérement épuisées, & nulle d'el-

» ciables à mon Peuple. La splendeur de
» la Majesté Royale, n'a pas tellement
» aveugié mes yeux, que je préfere le pou-
» voir licencieux à la justice. La gloire du
» nom de Roi peut abuser des Princes qui
» ne savent pas gouverner, comme des pi-
» lules dorées trompent de pauvres mala-
» des : mais je ne ressemble pas à ces Prin-
» ces, car je sais que je dois gouverner
» l'Etat pour le bien de ceux qui me sont
» commis, & non pour mon avantage par-
» ticulier. Je sais qu'un jour j'en dois ren-
» dre compte devant un autre Tribunal. Je
» me trouve heureuse, de ce qu'avec l'assis-
» tance de Dieu, j'ai gouverné l'Etat avec
» tant de succès, & de ce que j'ai des Su-
» jets, tels que pour leur bien, je quitte-
» rois volontiers & le Thrône & la vie.
» Quelque soient les malversations, dont
» les autres se rendent coupables par leurs
» fausses suggestions, je vous prie de ne me
» les point imputer. Que le témoignage
» d'une conscience pure à tous égards, me
» tienne lieu d'excuse. Vous n'ignorez pas

les dans une condition à pouvoir ſupporter aucune nouvelle impoſition. Les revenus ordinaires n'apportoient dans les coffres du Roi pas plus de trente millions, quoiqu'on levât ſur ſes Peuples cent cinquante millions, tant les abus de ce Gouvernement étoient conſidérables dans la levée de l'argent, & ils n'étoient pas moindres dans l'emploi qui s'en faiſoit. Tout le plan de l'adminiſtration, étoit un plan de fraude, & tous ceux qui y avoient part, trompoient le Public

---

» que ceux dont les Princes ſont obligés » de ſe ſervir, ſont ſouvent trop attachés à » leur intérêt particulier ; qu'on cache la » plûpart du tems la vérité aux Princes, & » qu'il eſt impoſſible que beaucoup de choſes » ne leur échappent, chargés, comme ils le » ſont, du fardeau des plus grandes & des plus » importantes affaires. «

depuis les plus hauts Offices jusqu'aux plus bas, depuis les Conseillers du Conseil des Finances, jusqu'aux Sous-Fermiers & aux Sous-Trésoriers. Sully vit ce désordre dans les affaires avec horreur, lorsqu'il vint à avoir la Surintendance des Finances. Il étoit prêt à désespérer, mais il ne désespéra pas. Le zele pour son Maître, le zele pour son Pays, & ce même état des affaires en apparence si désespéré, animerent ses efforts; & la pensée la plus noble qui se soit jamais présentée à l'esprit d'un Ministre, entra dans le sien. Il prit la résolution de faire, & il fit de la réforme des abus, de la réduction des dépenses & d'une conduite frugale, le fonds d'amortissement pour le payement des Dettes nationales, & le fonds suffisant pour toutes les grandes choses qu'il avoit dessein de faire sans surcharger le Peuple.

Il réussit dans toutes. Les Peuples furent immédiatement soulagés, le Commerce reprit vigueur, les coffres du Roi furent remplis, une Marine fut créée. Enfin, il prépara tout ce qui étoit nécessaire pour mettre la Nation en état d'éxécuter de grands desseins, toutes les fois que de grandes conjonctures se présenteroient d'elles-mêmes. Tel fut l'effet de douze ans d'une sage & intégre administration, & cet effet se seroit manifesté dans de grandes entreprises contre la Maison d'Autriche, plus formidable en ce tems que la Maison de Bourbon ne l'a été dans le nôtre, si Henri IV. n'avoit pas été poignardé par un de ces assassins, dans les mains desquels l'intérêt de la Maison d'Autriche & le fanatisme de Religion avoient mis le poignard plus d'une fois.

Lorsque nous considérons dans

ces Mémoires & dans quelques autres qui ſont venus juſqu'à nous, le déplorable état auquel la France étoit réduite à la fin du ſeiziéme ſiécle, nous éprouvons une partie de cette horreur que Sully reſſentit alors, & nous ſommes prêts d'avouer que la ruine de ce Royaume, la banqueroute & la confuſion auroient ſuivi néceſſairement ſi l'on n'avoit pas profité immédiatement, & auſſi ſagement, & auſſi vigoureuſement qu'on le fit, de l'occaſion que fournit cette Conjoncture paiſible. Ne verrons-nous pas du même œil notre propre déplorable condition, & les conſéquences qui en réſultent néceſſairement? N'en ſerons-nous pas encore plus fortement affectés? Ne ſommes-nous pas auſſi près d'une banqueroute que la Nation Françoiſe l'étoit en ce tems-là, & beaucoup plus prè encore qu'elle ne l'eſt aujourd'hui ? La confuſion ne peut-elle pas ſuivre ici auſſi-bien que là ? Et finalement l'ambition réunie des deux branches de Bourbon, ne peut-elle pas dans quelque conjoncture future produire des effets auſſi funeſtes, & plus funeſtes pour nous, ſi nous continuons dans notre état d'impuiſſance, juſqu'à ce qu'il arrive une conjoncture ſemblable à celle qui étoit à craindre pour la France au tems dont nous parlons, de l'ambition réunie des deux branches d'Autriche ? Enfin, nous avons beaucoup à appréhender, à moins que nous n'ayons le courage & la vertu de ſonder nos plaies domeſtiques juſqu'au fonds, & d'y appliquer immédiatement, non des palliatifs, mais des remédes ſpécifiques. Si nous prenons ce parti au lieu de craindre les autres, nous pouvons devenir encore une fois formidables nous-mêmes ; mais il eſt certain que ceux qui ſe tireront les premiers d'une miſere commune à nous & à nos voiſins , donneront la loi à qui ils voudront.

On dira peut-être que nous n'avons pas de Sullis parmi nous. Je ne prendrai pas ſur moi de décider ſi nous en avons ou non ; mais j'oſerai dire d'après Sully lui-même, que quoique de bons Princes puiſſent manquer à de bons Miniſtres ; cependant de bons Miniſtres ne manqueront jamais à un Prince qui a aſſez de diſcernement pour les trouver, qui les choiſit pour leurs talens ſupérieurs , leur expérience & leur intégrité, & qui a le courage de les ſoûtenir , comme Henri IV. ſoutint Sully contre les Favoris, les Maîtreſſes, les cabales de la Cour & les factions de l'Etat.

On dira peut-être encore qu'un Roi de France a assez de pouvoir par la constitution de ce Gouvernement pour soûtenir un Ministre, qui arrête la corruption, réforme les abus, & dispense avec sagesse & économie les revenus publics. Mais on peut demander comment un Ministre qui voudroit faire la même chose, pourroit être soûtenu dans un Gouvernement tel que le nôtre, où il seroit sûr d'avoir pour ennemis tous ceux qui auroient partagé si long-tems les dépouilles publiques, ou qui souhaiteroient de les partager, & où les ennemis auroient les occasions & les moyens de le supplanter, nonobstant la protection de son Maîtr e Je répons par le Parlement; combien de Ministres avons-nous eus, à qui l'on pouvoit imputer beaucoup de mal, sans pouvoir leur attribuer aucun bien arrivé à la Nation, & qui ont été long-tems soutenus par la faveur de la Cour, & la concurrence des deux Chambres que cette faveur & leur propre conduite leur avoient procurée ? Ces appuis seront-ils suffisans pour un Ministre méchant ou foible ? Et l'innocence & la capacité avec la même faveur & une meilleure conduite, ne seront-elles comptées pour rien ? Je ne puis penser si mal, même du siécle présent tout dégénéré qu'il est. Il est dégénéré sans doute ; mais j'ai entendu des gens se plaindre de cette dépravation qui l'avoient premierement encouragée, & qui dans la suite l'alléguoient pour leur excuse.

Le pouvoir délégué d'un Ministre, sous la prérogative légale de la Couronne, est suffisant pour exécuter un systême de réforme & d'économie

conomie dans le cours ordinaire des choſes, ſi le Miniſtre l'a réellement pour objet, & toutes les fois que des pouvoirs extraordinaires manquent pour des opérations extraordinaires, comme cela doit arriver dans un Etat tel que le nôtre, ils ſeront efficaces s'ils ſont accordés; s'ils ne le ſont pas, ceux qui les refuſent ſouffriront eux-mêmes & non le Miniſtre, d'un refus dont ils ſont reſponſables à la Nation. Le Rentier peut continuer à jouir d'un peu plus de revenu par ce refus, mais ſa fortune ſera moins ſûre & plus expoſée à quelque revers futur. Le Marchand continuera de commercer, celui qui a des terres, de labourer & ſemer, ſans même avoir l'eſpérance de voir leur ſervitude adoucie, non pour d'honnêtes Créanciers ſeulement, mais pour des Uſuriers & des Agioteurs, pour ces ſangſues qui ſe rempliſſent continuellement du ſang de la Nation, & qui ne ceſſeront jamais de le ſucer. La Nation en même tems ſera réduite à la plus grande pauvreté ; & c'eſt particuliérement à ceux qui nous y ont preſque réduits, de montrer que ce n'étoit pas là leur objet, en concourant vigoureuſement avec les Citoyens courageux qui ont fait, & continueront à faire tous leurs efforts pour prévenir ce malheur.

Les difficultés que nous avons à ſurmonter ne ſeroient pas ſi grandes qu'elles le ſont, nonobſtant la grande profuſion dont la derniere guerre a fourni l'occaſion & le prétexte, ſi nous n'éprouvions pas dans cet exemple, comme nous l'éprouvons dans les autres, les fatales conſéquences d'une adminiſtration précédente. On auroit pû dans ce tems pourvoir aiſément au payement de nos Dettes ; quatorze ans même qui ſont un peu plus des deux tiers du tems qu'elle a duré, auroient été ſuffiſans pour les réduire à vingt millions. Si cela avoit été fait, la mémoire de la perſonne qui étoit à la tête de cette adminiſtration, & qui en avoit tout le pouvoir, auroit pû mériter d'être honorée.

Nourriſſons dans nous-mêmes, & cultivons dans les autres des ſentimens plus élevés & plus dignes du nom Anglois que ceux des perſonnes dont je parle. Plus les malheurs & les dangers de notre Nation ſont grands, plus grands devroient être les efforts de chaque homme en particulier pour ſoulager ſon Pays des uns, & par-là le préſerver des autres. Nous ſommes dans une criſe qui doit tourner à la vie ou à la mort, & qui ne ſauroit aboutir à la premiere, à moins qu'on ne ſe ſerve de remédes beaucoup plus efficaces que ceux des Charlatans, qui trouvent leur compte à pallier le mal & à prolonger la maladie. Pallier ou prolonger dans le cas ou nous ſommes, ce ſeroit tuer, ou faire quelque choſe de pis que de tuer, rompre entierement notre conſtitution pour rendre une maladie accidentelle, habituelle & incurable.

On diminuera, dit-on, un ou deux ſchelings par livre cette année ſur la terre ; & tout ce qui manque pour le ſervice courant par-deſſus les deux ſchelings qui reſtent, & la Taxe ſur la Dreche, ſera emprunté ſur le crédit du fonds d'amortiſſement à trois pour cent. L'appas ſera tentant ; car toute diminution de Taxes doit l'être pour ceux qui ont ſuccombé pendant ſi long-tems ſous le poids d'un ſi grand nombre d'impoſitions. Mais je puis haſarder de dire, que ce ne ſera pas autre choſe qu'un appas ; & que ceux qui l'avalent auront lieu de ſe repentir de leur imprudence, lorſqu'ils trouveront, comme ils trouveront très-probablement, que l'effet naturel de ces meſures doit empêcher la décharge d'aucune partie conſidérable de nos dettes, excepté dans un terme d'années beaucoup plus long que la proſpérité, & même la ſûreté de notre Gouvernement ne l'admet.

Je dis la ſûreté auſſi-bien que la proſpérité : Quelques réflexions très-claires & très-naturelles, quoique faites par un petit nombre, juſtifieront ces expreſſions. Quant à la premiere, le Commerce nous a donné les richeſſes, les richeſſes nous ont donné le pouvoir, & le pouvoir a élevé notre Isle au point d'avoir été dans un tems en état de faire tête à la France. Si nous désirons retourner au même état, nous devons retourner par les mêmes pas qui nous y ont élevés ; celui qui feroit un plan pour le payement de nos Dettes, sans avoir égard principalement à l'augmentation de notre Commerce, feroit un plan très-ridicule. Mais il seroit tout aussi ridicule de faire un plan pour ces deux objets, de maniere que l'un ni l'autre ne fût praticable.

La nécessité de diminuer les Taxes pour parvenir à l'augmentation de notre Commerce, devient une bonne raison, non pour l'étrange dessein auquel elle est appliquée par quelques-uns ; mais pour hâter toutes les opérations nécessaires pour éteindre nos Dettes, afin de hâter cette diminution de Taxes qui deviendra praticable lorſqu'une partie de nos Dettes ſera éteinte, & qui facilitera extrèmement la décharge du reſte. La vérité eſt, que ſi nous différons ces opérations trop longtems, nous pouvons n'être jamais en état de les faire avec le même avantage ; ni, en entretenant la paix avec nos voiſins, de renouveller notre force auſſi promptement qu'ils s'appliquent à renouveller la leur. Nos voiſins ont ſouffert par les premieres guerres, & ſe ſont épuiſés par la derniere, auſſi-bien que nous, quoique peut-être pas tant.

La France, par exemple, n'a pas contracté dans la derniere guerre plus d'un tiers de la Dette additionnelle que nous avons contractée dans le même tems, comme j'ai lieu de le croire ſur de très-bonnes autorités : Elle a été en état d'aſſigner des fonds, qui payent l'intérêt de cette dette réguliérement & éteignent annuellement une partie du principal. Je ne connois pas ſi bien l'état actuel de l'Eſpagne : mais elle reçoit journellement les tréſors des Indes Occidentales, & comme elle a été long-tems à ſortir de ſon ignorance & de ſon ancienne indolence, elle paroît à préſent s'appliquer à l'augmentation de ſes forces maritimes, à perfectionner ſon Commerce, & même ſes Manufactures domeſtiques. En un mot, on peut répéter ici ce qui a été dit plus haut : ceux qui ſe tireront plutôt de la miſere commune, donneront la loi aux autres, ou ſeront du moins en état de ne la recevoir de perſonne.

Quant à la ſûreté nationale, nous ferons bien d'obſerver combien le ſyſtème de domination & de puiſſance en Europe, eſt moins favorable à préſent à nos intérêts & à nos vûes politiques, qu'il ne l'étoit lorſque nous entreprimes de le changer. L'Eſpagne étoit prête à tomber, mais non tombée dans les mains de la France au commencement de ce ſiécle; & quoique la Nation Eſpagnole, auſſi-bien que la Cour, aient donné leur Monarchie après, pour en prévenir le démembrement, à un Prince de la Maiſon de Bourbon; cependant de longues habitudes d'hoſtilité avoient inſpiré aux Eſpagnols aſſez d'averſion pour un Gouvernement François. La fortune, & nous à la fin, nous avons fait ſi-bien, que les deux Nations ſont à préſent étroitement unies par intérêt & par habitude, & que l'Eſpagne eſt par conſéquent plus que jamais éloignée de nous : les preuves n'en ſont que trop récentes, je crains même que nous n'en ayons encore d'actuelles.

La Frontiere de la France a été le grand ſupport de ſa puiſſance exorbitante, comme des hommes ſages prévirent, il y a quatre-vingts ans, lorſque Louis XIV. commença à élever ce mur d'airain, qui atteint des Alpes à l'Océan, qu'elle le deviendroit. Cette Frontiere eſt à préſent plus ſerrée que jamais par l'acquiſition de la Lorraine. Les branches de la Maiſon de Bourbon ont pris racine en Italie auſſi-bien qu'en Eſpagne. La France a appris par expérience à hauſſer & ſoûtenir ſon crédit, & à étendre ſon Commerce pour la protection & le ſoûtien duquel, elle paroît plus attentive que jamais à augmenter ſa force par Mer; une force qu'elle exercera toûjours contre nous avec grand avantage à quelques égards, c'eſt-à-dire, pour ce qui eſt de l'ordre, de l'économie & de l'étroite diſcipline.

Tout l'Empire, excepté la Baviere & Cologne, nous a été attaché par inclination, auſſi-bien que par intérêt, dans la guerre qui a commencé avec ce ſiécle. C'eſt tout le contraire à préſent ; nous pouvons dire, & je crains bien que ce ne ſoit avec trop de vérité, que l'influence de la France en Allemagne eſt peu inférieure à ce qu'elle étoit, tandis que la ligue du Rhin ſubſiſtoit.

La République de Hollande, notre meilleur Allié, & en quelque ſorte une barriere pour l'Angleterre, eſt dans un état de diſſolution, & n'a ni au dehors, ni au dedans d'elle-même, ces moyens pour ſe rétablir par les conjonctures & par ſa nature, qu'elle a eus en pluſieurs occaſions, depuis le tems que son Gouvernement s'est formé.

Cette courte exposition peut servir à montrer combien il sera difficile, jusqu'à ce que nous ayons payé une bonne partie de nos dettes, & rétabli notre Pays, du moins en partie, dans son premier état de richesses & de puissance, de maintenir la dignité de la Grande-Bretagne, de la faire respecter au dehors, de la mettre à l'abri des dommages, ou même des affronts de la part de ses voisins. Cela peut paroître aisé, du moins je le soupçonne, à quelques personnes; mais je suis sûr que l'entreprise paroîtroit difficile à Burleigh & à Walsingham, s'ils venoient à ressusciter, nonobstant les succès qu'ils ont eus sous la Reine Elisabeth, en faisant beaucoup à peu de frais, & en employant l'économie beaucoup plutôt que la force.

Ces réflexions telles qu'elles se présentent naturellement à l'esprit, prouvent évidemment que la prospérité & la sureté futures de ce Pays dépendent de la prompte diminution de nos Dettes nationales. Rien autre chose ne peut nous assurer efficacement contre le hasard des événemens qui peuvent être d'une fatale conséquence pour l'une & l'autre. L'expérience récente a fait voir combien nous sommes devenus peu propres à tous égards, excepté le courage de nos Matelots & de nos simples Soldats, à nous engager dans la guerre : ainsi je suppose que nous ne la provoquerons pas aisément ; mais on peut faire tomber sur nous la guerre, quoique nous ne la provoquions pas, & que nous n'allions pas au continent pour la chercher. Nous pouvons même être réduits à la fâcheuſe extrémité de choiſir néceſſairement ou d'augmenter notre dépenſe annuelle pour aſſurer nos droits, protéger notre Commerce & ſoûtenir notre dignité, ou de demeurer dans une lâche inaction & de ſacrifier tout. Je penſe, j'eſpere même que nous ne prendrons pas ce dernier parti ; & cependant nous aurions de beaucoup plus grandes difficultés à vaincre dans notre ſituation préſente, que nous n'en avons eues dans la premiere, quelque grandes qu'elles aient été, ſi nous tentions de faire ce qui fut alors ſi honteuſement négligé. Nous ne pouvons augmenter nos dépenſes à préſent, & nous ne ſerons pas en état de le faire, tant que nous n'aurons pas acquitté quelque partie de nos Dettes nationales, ſans engager le reſte du fonds d'amortiſſement ; ce qui ôteroit bientôt toute eſpérance de payer jamais aucune partie de ces Dettes, & ne nous laisseroit plus à engager que notre propre terre & notre Dréche : au lieu que si une partie considérable de ces Dettes étoit acquittée avant qu'il arrivât une nouvelle guerre, ou que nous fussions réduits à faire le choix dont j'ai parlé, nous nous trouverions nous-mêmes tant qu'elle dureroit, dans une beaucoup meilleure condition pour attaquer ou nous défendre, & nous pourrions être en état, aussi-tôt qu'elle seroit finie, de reprendre les mêmes opérations & de continuer dans cette attention aux grands objets de notre intérêt domestique.

Ces observations auront un grand poids sur les hommes qui sont en état de combiner tout ce qui est à combiner dans des occasions si importantes, & en réfléchissant sur le passé, & observant le présent, de juger de l'avenir ; les seuls remédes efficaces & par conséquent nécessaires, peuvent paroître violens même à ceux qui auront fait ces combinaisons ; mais ils considéreront, & tout homme doit considérer, que si nous ne pouvons pas supporter notre maladie, & si nous ne voulons pas souffrir notre Cure, il faut que le Corps politique périsse. Ce misérable état exciteroit avec justice l'indignation du Genre humain ; mais cette indignation devroit se tourner contre ceux qui nous y ont réduits, & non contre ceux qui voudroient nous en délivrer. Tel est le langage de la raison inspirée par l'amour du bien public ; mais l'intérêt particulier & des vûes bornées en dicteront un autre.

Les Rentiers se plaindront hautement

ment qu'ils ſont expoſés à des réductions perpétuelles d'intérêt, qui n'ont ſervi à nul autre deſſein qu'à nourrir la profuſion de différentes adminiſtrations, & ſi l'on continuoit à prendre les mêmes voies, leurs plaintes ſeroient fondées, & les dommages qu'on leur cauſeroit ſeroient inſupportables. Il eſt donc juſte que ni eux ne conſentent à cette nouvelle réduction d'intérêt que l'on peut appeller une nouvelle Taxe ſur eux, ni les poſſeſſeurs de biens-fonds à cette ancienne & peſante Taxe ſur la terre, à moins qu'on ne leur donne aux uns & aux autres les plus grandes ſûretés que le tout ſera employé à ſa véritable deſtination. Il y aura encore des plaintes, & l'on nous repréſentera très-pathétiquement la triſte condition à laquelle la Veuve & l'Orphelin, dont le petit, mais l'unique bien eſt dans les fonds publics, ſeront réduits. La réponſe cependant ſe préſente d'elle-même; ſi la Veuve & l'Orphelin qui ont leur fortune en argent ſouffrent par cette réduction d'intérêt ; la Veuve & l'Orphelin qui ont leur fortune en terre, ſouffriront par la continuation de la Taxe qu'elle ſupporte, & les uns & les autres doivent prendre leur part dans la calamité commune de leur Pays.

Mais la vérité eſt que la foible voix de la Veuve & de l'Orphelin ſera peu entendue. Le grand bruit ſera cauſé par les Agioteurs & les Uſuriers, par les principaux Chefs de nos grandes Compagnies, qui nés pour ſervir & pour obéir, ont été élevés pour commander à leurs Supérieurs & au Gouvernement même. Ces hommes jetteront de grandes clameurs, & tâcheront par des intrigues ſourdes, auſſi-bien que par le bruit, d'arrêter toute meſure qui tendra à émanciper le Gouvernement de leurs mains, pour faire du tréſor du Roi ce qu'il doit être, le grand reſſort du Crédit public, & la grande ſcene de tous les contrats rélatifs aux payemens & aux recettes publiques.

Que ces hommes donc apprennent à ſe ſoumettre & à raiſonner comme fit le courageux Bateman, lorſque la réduction d'intérêt fut réſolue en 1717. Il dit à Mylord Stanhope qu'il étoit bien aiſe que cette réſolution eût été priſe, parce que bien que ſon intérêt diminuât, il croiroit ſon principal plus aſſuré que jamais. Après tout, les plaintes de ce côté feront peu d'impreſſion ſur un Miniſtre qui ſait que, nonobſtant que de pareilles gens aient été employés lorſqu'on étoit dans la néceſſité de contracter de nouvelles Dettes, & que le Public comme un prodigue extravagant étoit obligé de traiter avec des Uſuriers aux conditions qu'ils lui impoſoient, cependant ils ne doivent pas être conſultés lorſqu'il s'agit de payer les Dettes & de tirer le public de leurs mains, qui ſçait enfin qu'il a les bras plus longs qu'eux, & qui leur fait ſentir qu'il eſt prêt à garder ou ne pas garder de meſures avec eux ſelon leur conduite ; qui pourſuit conſtamment le ſage & honnête deſſein de rendre & ſa propre adminiſtration, & toute adminiſtration future indépendante d'eux.

On trouveroit encore beaucoup d'oppoſition de deux autres côtés, le Pays & la Cour, dans leſquelles je craindrois que la moins plauſible ne fût préciſément celle qui réuſsît le plus.

Le Propriéraire de terre trouvera qu'il eſt dur qu'on ne le laiſſe pas jouir d'un peu d'aiſe après avoir ſupporté le poids & la chaleur du jour durant le long cours d'une paix où l'on a dépenſé beaucoup, & d'une guerre ruineuſe. Tout ce qui ſe peut dire pour lui perſuader qu'une diminution immédiate de la Taxe ſur les terres eſt contraire à ſon intérêt, paſſera pour tromperie & paradoxe. Il raiſonnera comme ſes Fermiers qui ſont toûjours effrayés d'une dépenſe immédiate, quoique des profits éloignés, mais grands, en doivent être la conſéquence. Qu'un pareil homme réfléchiſſe & prenne leçon de ce qui s'eſt paſſé ; il trouvera que tandis qu'il connivoit à la profuſion, parce qu'il étoit flatté par des diminutions ſur la Taxe de terre, on a contracté des Dettes qui lui ont coûté beaucoup plus que la continuation de cette Taxe ne lui auroit coûté. Si nous nous rappellons les dix premieres années du Regne du Roi d'à présent, nous y en trouverons la preuve la plus frappante. Que le même homme, après avoir jetté les yeux sur le passé, les tourne du côté de l'avenir : il verra que comme toute diminution de la Taxe de terre, étant suppleée du produit du fonds d'amortissement, ou en empruntant même à trois pour cent, sur le Crédit de ce fonds, doit prévenir, ou retarder, ce qui revient au même, la décharge de quelque partie considérable de notre Dette, il demeurera exposé à supporter la Taxe entiere, qui sera rétablie à la premiere occasion, soit réelle ou supposée. Il peut se trouver lui-même après un peu de répit, sous le poids de la même Taxe & d'une Dette augmentée, & voilà peut-être tout ce qu'il gagnera en refusant de porter un peu plus long-tems, pour l'amour de lui-même & pour un objet important, ce qu'il a porté plusieurs années, pour l'amour des autres & pour le soûtien d'une guerre très-malheureuse ; car elle peut être estimée telle après que les François furent battus à Dettinghen.

De l'autre côté, s'il est assez sage pour souhaiter que les quatre schelings dans la livre sterling, soient continués pour quelques années, il aura sa part dans les bénéfices communs, de diminuer les Dettes de l'Etat, d'augmenter le Crédit public, de rendre le Commerce plus florissant & de rétablir la prospérité de la Nation. Il peut entretenir l'espérance consolante d'un tems où lui ou sa postérité ne seront plus dans la néceſſité de conſentir à aucune ſorte de Taxe ſur la terre en tems de paix : puiſque, par cette méthode, le produit annuel des autres fonds ſuffira plutôt, ou plus tard, pour défrayer la dépenſe annuelle du Gouvernement ; il peut acquérir un avantage qui le dédommagera amplement de ce qu'il pourra lui en coûter. Celles des Taxes, ſoit de l'Acciſe ou de la Doüane, qui ſont le plus à charge aux pauvres Laboureurs & à nos propres Manufacturiers, peuvent être réduites, du moins par degré, ſans aucune interruption conſidérable des opérations néceſſaires pour acquitter notre Dette nationale ; & quoiqu'il ſoit peu accoûtumé à croire que les autres Taxes l'intéreſſent, autant que la Taxe ſur la terre, il s'appercevra bientôt qu'une épargne ſur le prix de tout ce qu'il boit

boit & mange, & ſur celui de ſes vêtemens, eſt un continuel & un grand dédommagement, pour tout ce que cette Taxe a tiré de lui, tandis qu'il a conſenti à la continuer. Il trouvera qu'il gagne lui-même, non-ſeulement par ce qu'il épargne dans ſes dépenſes, mais par l'amélioration de ſon fonds; car tout ſe tient dans le ſyſtème politique, & les richeſſes & la proſpérité d'une Nation ſont intimément unies.

Le Courtiſan ſe plaindra hautement, & avec autant d'arrogance que d'éclat, que tout retranchement ſur nos dépenſes annuelles, peut faire plus de mal, que l'épargne ne peut faire de bien. Mais je crois qu'il n'eſt pas difficile de prouver que trois ſchelings ou trois ſchelings & ſix ſous dans la livre ſterling, ſur la terre, laiſſant aller le reste des quatre schelings au fonds d'amortissement, seroient plus que suffisans pour répondre à toutes les dépenses nécessaires en tems de paix. Les hommes sages sont capables de faire beaucoup avec peu ; les fous & les fripons sont toûjours prêts à faire peu avec beaucoup. Les premiers savent que la bonne Politique consiste à observer deux sortes d'économie, la plus grande & la moindre : à proportionner par la premiere nos dépenses à nos circonstances & à celles de nos Voisins, & à le faire avec toute la frugalité que permettent ces circonstances combinées ensemble : à examiner par la seconde, de la maniere la plus réguliere & la plus scrupuleuse, l'administration du trésor public, depuis les plus hauts jusqu'aux plus bas Offices de l'Etat. Il est de la derniere importance, en ce tems ſur-tout, que ces deux eſpéces d'Economie ſoient pratiquées. Notre bien être, notre ſûreté même en dépend. Il faut que nous ſuccombions ſous le poids de nos Dettes, ſi nous ne les payons pas, & ſi nous commençons à les payer, ſans pratiquer ces deux ſortes d'Economie, l'image ridicule que j'ai vûe dans une gravûre Hollandoiſe, d'un homme travaillant & ſuant pour corder du chanvre, tandis qu'à l'autre bout un âne le déchire avec ſes dents, auſſi vîte qu'il le corde, ſera notre véritable Emblême.

L'extrême frugalité étoit un des moyens employés par le grand Miniſtre que j'ai cité, & le ſuccès qu'il eut en de pareilles circonſtances, devroit encourager la pratique de la même frugalité dans le cas où nous nous trouvons. Il employa encore un autre expédient, qui n'eſt pas moins néceſſaire en Angleterre, qu'il ne l'étoit en France, ni dans notre tems, qu'il ne l'étoit dans le ſien. L'expédient que je veux dire, eſt de réformer les abus. M. le Duc de Sully fit de cette réforme un fonds aſſez conſidérable pour le payement des Dettes publiques. Je ne décide pas, ſi nous pouvons ou non, faire la même choſe auſſi efficacement que lui : ceci du moins eſt certain, c'eſt qu'une telle réforme feroit cauſe que tous les ſervices futurs s'exécuteroient à moins de frais pour le Public. On pourroit raſſembler des matériaux, non pour une Brochure (*a*), mais pour

---

(*a*) M. le Comte DE BOLINGBROKE me paroît déſigner ici un Ouvrage de ce genre imprimé en 1732. intitulé : *Obſervations ſur le Commerce & ſur l'amour du bien*

un Traité régulier sous des Chapi-

Public, par Thomas Baston. L'Ouvrage est rempli de Remarques très-judicieuses, mais sans aucun ordre. D'ailleurs s'il est d'un bon Citoyen, il n'est sûrement pas d'un Homme d'Etat. En 1734. il avoit paru une autre Brochure intitulée : *Examen des Affaires domestiques de l'Angleterre depuis l'Année 1721. jusqu'à ce tems.* Ce n'est pas seulement une plainte, c'est une vraie dénonciation de tous les abus dont parle Mylord BOLINGBROKE, dans l'administration du Gouvernement, surtout à l'égard des Fonds publics & des Dettes de l'Etat. Il est vrai que l'esprit de Parti qui y regne la rend suspecte ; mais on a beau se défier de l'Auteur Anonyme, peut-on se refuser à l'évidence des faits & à la solidité de ses raisonnemens ? *L'établissement*, dit-il, *des Fonds publics sur le Crédit de nos Taxes, a produit de plus grands malheurs que ces Taxes elles-mêmes, non-seulement en augmentant les moyens de corruption, & le pouvoir de la Couronne, mais par l'effet qu'il a eu sur l'esprit de la Nation, dont depuis les Mœurs ont changé ; de sorte qu'il est impossible de se rappeller le*

tres diſtincts, concernant les abus & la corruption qui prévalent parmi nous, dans chaque partie du ſervice public, & les conſéquences qui en réſultent. Je ne ſais pas même ſi l'on ne devroit pas entreprendre quelque Ouvrage de cette eſpéce, quelque odieux qu'il puiſſe paroître, puiſqu'on ne fait rien pour réformer ces abus & pour arrêter cette corruption.

Ils ne faiſoient que ſe gliſſer autrefois, mais depuis un certain tems c'eſt à grands pas qu'ils cheminent.

---

paſſé ſans douleur & d'enviſager l'avenir ſans effroi. Les dépenſes de notre Gouvernement ſont la plûpart engagées d'avance. Dans les tems de paix & de proſpérité, comme il nous plaît de les appeller, nous contractons de nouvelles Dettes & nous créons de nouveaux Fonds; que faut-il donc que nous faſſions dans les tems de guerre & de calamité publique, après avoir engagé tout le produit de nos Terres & nos Terres elles-mêmes? &c.

Conniver aux fraudes & peut-être les encourager, répandre la corruption, c'est ce qu'on a vû faire anciennement à des hommes en place, qui pour la plûpart avoient plus d'ambition que d'avarice, & qui élevoient par ces moyens un parti formidable qui pût être l'appui de leur pouvoir. Mais dans la suite du tems & dans des conjonctures favorables, la contagion est montée plus haut & s'est répandue encore davantage. Des hommes en place se sont associés à ceux qui ont imaginé les plus grandes fraudes ; les plus élevés de ceux qui gouvernoient, & les plus bas de ceux qui étoient gouvernés, ont contribué à proportion de leurs différens degrés à la rapine universelle. La plus grande fraude particuliere, dont on puisse trouver aucun exemple, étoit celle que les arrérages de ſubſides aux Princes étrangers, & les arrérages de la paye aux Troupes étrangeres, ont donné l'occaſion & les moyens d'exécuter.

Je ſens que la repréſentation que j'ai faite de la dégénération de notre Siécle & de notre Nation, peut donner occaſion de dire, que ces choſes même pour leſquelles je plaide, ſont impraticables. On demandera ſi l'on peut former quelque eſpérance de faire naître le déſintéreſſement & l'amour du bien public, parmi des hommes qui n'ont d'autre principe que celui de l'intérêt particulier, qui vivent plus en Dividus iſolés, qu'en Compatriotes unis, qui ſe volent l'un l'autre, &, pour tout dire, ſont dans un état de Société civile, très-ſemblables aux Hommes d'Hobbes dans ſon état ſuppoſé de Nature? Je ſuis obligé d'avouer, qnoiqu'à regret, que l'entreprise est difficile ; mais plus elle est difficile, si nulle autre chose ne peut nous soulager du fardeau de Dettes qui nous accablent, ni prévenir les conséquences de le supporter plus long-tems, plus pour faire naître cet esprit & avancer ces mesures, chaque tentative, même la plus foible, & même la mienne, est recommandable. Les possesseurs de biens fonds sont les vrais Propriétaires de notre Vaisseau politique ; les Rentiers, comme tels, n'y sont que des Passagers. C'est aux premiers par conséquent que toutes les exhortations de prendre cet esprit devroient être adressées ; c'est à eux de donner l'exemple, & lorsqu'ils le feront, ils auront le droit d'exiger que les Passagers contribuent de leur part pour sauver le Vaisseau. S'ils se trouvent réfractaires, il faut leur dire qu'il y a une Loi, en faveur du Public, plus ſacrée & plus ancienne (car elle eſt auſſi ancienne que la Société Politique) que toutes celles ſur leſquelles ils voudroient ſe fonder, pour s'exemter de toute réduction d'Intérêt, & conſéquemment de tout rembourſement de leur principal, quoique cette réduction & ce rembourſement ſoient abſolument néceſſaires pour rétablir la proſpérité de la Nation, & pourvoir en même tems à ſa ſûreté. La Loi que j'entens, eſt celle dictée par la nature & la raiſon, qui déclare la conſervation de la République ſupérieure à toutes les autres Loix.

Si l'on peut parvenir à une pareille coopération des Rentiers & des Propriétaires de terre, nous ne trouverons ſous nos pas qu'un chemin facile & applani, au bout duquel une perſpective de proſpérité Nationale s'ouvrira chaque année devant nous. Ce point de vûe ſera d'un grand avantage & pour le dedans & pour le dehors du Royaume. Nous l'éprouverons dans l'augmentation de notre Crédit, dans la confiance que nos Amis auront en nous, & le reſpect que nos Ennemis même auront pour nous : un reſpect qui ſera dû avec juſtice à un Peuple qui témoigne tant de vigueur au milieu de tant de miſere, & qui prend des meſures efficaces pour rétablir la force de la Nation & reprendre ſon ancienne dignité, au-lieu de continuer à languir dans l'impuiſſance & le mépris.

L'homme qui n'eſt pas échauffé par des conſidérations telles que celles-ci, doit n'avoir aucune élévation d'eſprit, aucun amour pour ſa Patrie, aucun égard pour la Poſtérité, pas même la moindre teinture de cette honêteté qui diſtingue un bon d'un mauvais Citoyen. Je ſais que la futilité, l'ignorance & toutes ſortes de débauches ſont générales ; mais je ſais auſſi qu'elles ne ſont pas univerſelles, & c'eſt pourquoi je ne déſeſpere pas. A tout événement, le mérite de ſauver notre Pays de la mendicité, eſt peu inférieur à celui de le ſauver de l'eſclavage. Ainſi ceux qui s'engagent dans une ſi bonne Cauſe, & qui s'attachent conſtamment à faire revivre cet Eſprit Public comme à l'unique moyen de ſauver cette Nation de la miſere, de l'oppreſſion & peut-être de la confuſion, la conſéquence ordinaire des deux autres, mériteront peut-être mieux, je ne crains pas de le dire, le titre d'*Ultimi Britannorum*, quand même ils échoueroient dans leurs projets, par l'oppoſition des plus mauvais & des plus mépriſables ſujets de l'Angleterre, que l'uſurier Brutus & Caſſius, ce ſévere exacteur de contributions ne mériterent le titre d'*Ultimi Romanorum*, lorſqu'ils ſuccomberent d'une autre façon ſous les plus indignes Citoyens de Rome.

Après tout ce qui a été dit ici, & tout ce qui auroit pû être dit touchant la conduite de la Maiſon d'Autriche, depuis le regne du Roi Guillaume juſqu'au tems préſent, il eſt à propos d'ajoûter quelque choſe par maniere de précaution, & de prévenir les fauſſes conſéquences que l'on pourroit tirer de quelques prémices qui ſont très-vraies.

Il eſt notoirement vrai qu'un eſprit de bigotterie, de tyrannie, & d'avarice dans la Cour de Vienne, a maintenu long-tems les troubles en Hongrie, qui auroient pû être appaisés beaucoup plutôt qu'ils ne l'ont été. Ainsi l'on a entretenu une grande & constante diversion en faveur de la France, même dans un tems où les deux Maisons d'Autriche & de Bourbon étoient aux prises pour cette riche proie, la succession d'Espagne, jusqu'à ce que les troupes Françoises s'emparérent de Passau, & que les mécontens de Hongrie levérent des contributions dans les Fauxbourgs même de Vienne.

Il est de notoriété publique que, comme je l'ai dit plus haut, nous aurions pû n'avoir plus à faire qu'une guerre défensive contre la France, avec un Prince Autrichien sur le Thrône d'Espagne, à la mort de Charles II. si l'Empereur Léopold avoit voulu concourir dans les mesures sages & praticables que le Roi Guillaume lui avoit proposées.

Il n'est pas moins connu que nous aurions pû éviter la défaite à Almanza, & soûtenir beaucoup mieux la guerre en Espagne, si une prédilection pour les acquisitions en Italie n'eût pas déterminé le Conseil de Vienne à précipiter l'évacuation de Mantoue, où une armée de François étoit bloquée après la bataille de Turin, au lieu que par ce moyen on la laissa partir contre l'opinion de la Reine & des Etats Généraux, assez à tems pour nous battre à Almanza.

Enfin, car je ne veux pas descendre dans de plus grandes particularités, il est très-certain que nous aurions pû prendre Toulon, & porter la guerre dans les meilleures Provinces de France, objet pour lequel la Reine Anne avoit fait à grands frais tous les préparatifs néceſſaires, ſi les Autrichiens n'euſſent pas détaché préciſément en ce tems douze mille hommes de l'expédition de Naples, & ſi le Prince Eugene n'eût pas montré trop viſiblement devant des perſonnes encore vivantes, que la priſe de Toulon étoit la moindre de ſes inquiétudes.

Ces faits ſuffiſent pour faire voir combien la Politique fautive de la Cour de Vienne a ſurchargé ſes Alliés pendant plus d'un demi ſiécle, & qu'elle ſeule a fait échoüer le grand deſſein que ſes Alliés, & l'Angleterre en particulier, avoient ſi fort avancé pour elle, aux dépens de tant de ſang & de tant de tréſors. D'où il eſt arrivé, que dans ce Royaume pluſieurs ſont prêts à conclure de ces faits & de quelques

autres

autres de la même espéce postérieurs à ceux-ci, que notre expérience devroit nous apprendre à négliger les intérêts de la Maison d'Autriche, & à ne pas nous embarasser de tout ce qui se passera sur le continent dans le tems à venir; mais sûrement de pareilles conclusions sont fausses. Le principe de notre conduite étoit juste : nous ne sommes à blâmer que pour avoir pris nos mesures de travers. C'étoit notre négligence de l'intérêt général de l'Europe, depuis le Traité des Pirénées, jusqu'à la révolution de notre Gouvernement en 1688. qui avoit donné à la France le tems & les moyens suffisans pour acquérir une Puissance exorbitante. Ç'a été un zéle sans connoissance, & une étrange soumission à des intérêts particuliers qui ont presque épuisé cette Nation, & qui ont rendu inutiles tous nos efforts pour le bien Public depuis ce tems. Nous pouvons changer ceci : quant au principe Politique, nous ne le pouvons faire tant que le partage des Puissances & Etats sera le même en Europe. Nous sommes une Isle à la vérité ; mais si une Puissance supérieure donne la loi au Continent, je crains qu'elle ne nous la donne aussi dans des articles essentiels. Nos grands Peres appréhendérent avec raison la Puissance exorbitante de la Maison d'Autriche, & crurent que les prétentions de Marie Reine d'Ecosse, même lorsqu'elle étoit prisonniere, pouvoient fournir à cette Maison ambitieuse l'occasion & les facilités comme elles ne le firent que trop, de troubler notre paix & même d'envahir notre Isle. La Puissance exorbitante de la Maison de Bourbon donne pour le moins à cet égard, aussi-bien qu'à d'autres, les mêmes sujets d'appréhension. Il est par conséquent de notre intérêt d'entretenir la rivalité entres les familles d'Autriche & de Bourbon; & à cet effet d'assister la premiere à chaque occasion contre la derniere, autant que le demande, non son ambition particuliere, mais l'intérêt commun de l'Europe; & autant que nos circonstances nationales peuvent nous le permettre, de mesurer toûjours notre assistance à ses besoins.

Telles sont les mesures & les proportions suivant lesquelles seules, les Sociétés Politiques doivent s'engager dans une Alliance & s'assister l'une & l'autre. Il y a un amour-propre Politique, aussi-bien que Naturel : Le premier doit être pour chaque Membre d'une

République, le même principe déterminant d'action, lorsque l'avantage Public y est intéressé, que le dernier le sera très-certainement au même homme toutes les fois que son intérêt particulier l'exigera. J'ai souvent entendu dire d'un homme qu'il étoit ami ou ennemi de la Maison d'Autriche, & d'un autre qu'il étoit ami ou ennemi de la Maison de Bourbon. Mais d'ordinaire la passion & le préjugé dictent ces expressions; comme les sentimens qu'elles supposent, toutes les fois qu'ils sont réels, doivent venir de ces causes, ou d'une autre qui est encore pire, de la corruption. Un Prince & un Peuple sages n'ont d'égard pour les autres Etats, que celui qui naît de l'accord ou de la répugnance de leurs différens intérêts; & par conséquent, cet égard doit varier, comme ces intérêts varient dans la fluctuation perpétuelle des choses humaines. La Reine Elisabeth & son Peuple s'opposerent à la Maison d'Autriche, & soûtinrent la Maison de Bourbon dans le seiziéme siécle. La Reine Anne & son Peuple se sont opposés à la Maison de Bourbon, & ont soûtenu celle d'Autriche dans le dixhuitiéme. La premiere, à la vérité, en employant des Conseils plus sages ; la seconde, avec des forces plus considérables. La conduite de la premiere a enrichi notre Pays ; les efforts de la derniere l'ont appauvri. . . . .

Ces RÉFLEXIONS ont été écrites jusqu'à cet endroit, dans l'année 1749. mais n'ont jamais été finies.

Fin du premier Volume.

TABLE

DU PREMIER VOLUME.

Fin de la Table.

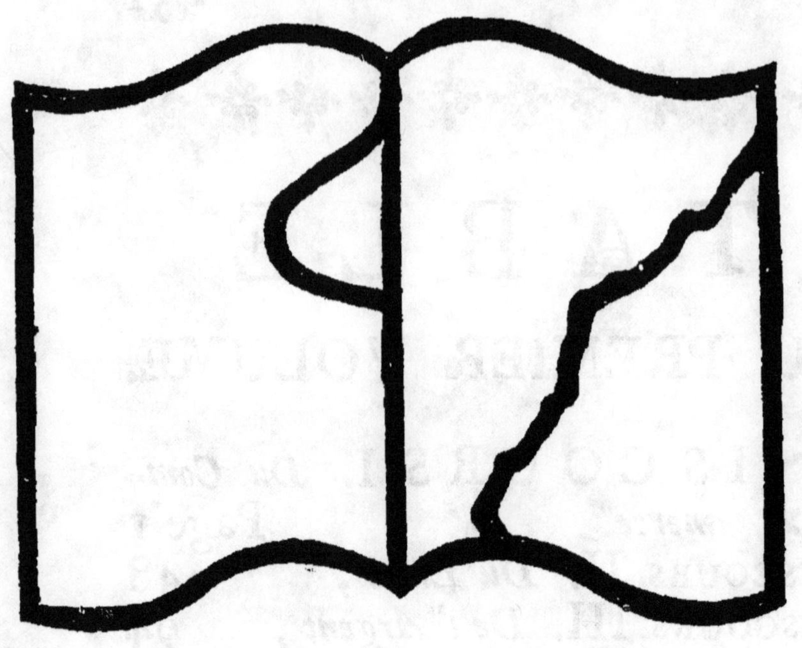

Texte détérioré — reliure défectueuse

NF Z 43-120-11